东林本末

（外七种）

明清野史丛书 第一辑

李鹏飞 编

［明］吴应箕 等 著

北京出版集团
文津出版社

图书在版编目（CIP）数据

东林本末：外七种 ／ （明）吴应箕等著；李鹏飞编 . —
北京：文津出版社，2020.2
（明清野史丛书．第一辑）
ISBN 978-7-80554-707-7

Ⅰ．①东… Ⅱ．①吴… ②李… Ⅲ．①中国历史—野
史—明代 Ⅳ．① K248.045

中国版本图书馆 CIP 数据核字（2019）第 215648 号

出版策划：安　东　高立志
责任编辑：乔天一　许　可
责任营销：猫　娘
责任印制：陈冬梅
封面设计：吉　辰
书名题字：老　莲

明清野史丛书　第一辑
东林本末（外七种）
DONGLIN BENMO
[明] 吴应箕 等 著
　　李鹏飞 编

出　　　版：北京出版集团
　　　　　　文津出版社
地　　　址：北京北三环中路 6 号
邮　　　编：100120
网　　　址：www.bph.com.cn
发　　　行：北京出版集团
印　　　刷：河北赛文印刷有限公司
经　　　销：新华书店
开　　　本：889 毫米 × 1194 毫米　1/32
印　　　张：10
字　　　数：177 千字
版　　　次：2020 年 2 月第 1 版
印　　　次：2023 年 5 月第 3 次印刷
书　　　号：ISBN 978-7-80554-707-7
定　　　价：58.00 元

质量监督电话：010-58572393
如有印装质量问题，由本社负责调换

出版前言

1925年12月10日、12日、25日，鲁迅在北京的《国民新报副刊》上分三次发表了《这个与那个》（后收入《华盖集》），在第一节《读经与读史》中，鲁迅说：

> 我以为伏案还未功深的朋友，现在正不必埋头来哼线装书。倘其咿唔日久，对于旧书有些上瘾了，那么，倒不如去读史，尤其是宋朝明朝史，而且尤须是野史；或者看杂说。
>
> ……
>
> 野史和杂说自然也免不了有讹传，挟恩怨，但看往事却可以较分明，因为它究竟不像正史那样地装腔作势。

1935年2月，鲁迅在《文学》月刊第四卷第二号上又发表了《病后杂谈》（发表时被删去第二、三、四节，后全文收入《且介亭杂文》），文末也提到野史：

> ……我想在这里趁便拜托我的相识的朋友，

将来我死掉之后，即使在中国还有追悼的可能，也千万不要给我开追悼会或者出什么记念册。……

现在的意见，我以为倘有购买那些纸墨白布的闲钱，还不如选几部明人、清人或今人的野史或笔记来印印，倒是于大家很有益处的。

鲁迅一向看重野史、笔记之类非"官书"的史籍，盖因官修正史常是"里面也不敢说什么"的，而通过野史的记载，却往往能提供官书有意无意漏略不言的细节，也就是前引文中所说的"看往事却可以较分明"。而明清两代的野史记述了大量官书所不载的人物和事迹，其中还有不少是时人亲见、亲闻，乃至亲历的，其重要性不言可知。这些史料早已为学界所利用，但对大众读者来说，往往还是陌生的。编纂出版《明清野史丛书》，想来还是"于大家很有益处的"。

当然，作为史料，野史杂说也有其不足之处。鲁迅说它"免不了有讹传，挟恩怨"，这在明末清初的一些史料中尤其明显。例如，《蜀碧》等书将明末清初四川人民遭遇的兵燹之灾一概归罪于张献忠，《汴围湿襟录》将决河淹没开封的责任推在李自成头上，《三湘从事录》作者蒙正发粉饰自己和恩主章旷、李元胤的所作所为，敌视由大顺军余部改编而成的"忠贞营"等，经过现当代学者的研究，都证明是不可靠的。由于本系列主要面向大众读者，我们不可能对书中记载一一进行核实和考辩，只能提请读者注意：尽信书，则不如无书。

另外需要说明的是，明清时期的野史，成书之后多通过抄录流传，不但鲁鱼亥豕在所难免，即残损佚亡，也不在少数。我们在编辑本丛书的过程中，尽量依据不同版本进行校勘，纠正了书中一些错字，特别是错误的人名、地名。但是，有一些人物在不同历史记载中的名字、行迹甚至最终下落都有不同，无法强求一致。如南明武将陈邦傅，一些史料写作"陈邦传"，由于没有第一手史料可供确认，在编辑本系列所收野史时，也只能各从其原书写法。至于明显由于避讳改写的字，如改"丘"为"邱"、易"胤"为"允"、书"弘"为"宏"，则径自回改，以存历史原貌。

总目录

东林本末

〔明〕吴应箕

目　录

东林本末序

（书共六卷，存陈其年维崧太史家）

东林者门户之别名也，门户者又朋党之别号。夫小人欲空人国，必加之以朋党，于是东林之名最著，而受祸为独深，要亦何负于人国哉！东林争言真伪：其真者必不负国家，伪者或至负东林。此实何欤？盖起事至五六十年，相传多失其实，于是而有伪者，亦势使然也。今之所为东林者又一变，往时欲锢之林下者，今且下及草野。夫盛世岂有党锢之事？何论朝野，亦辨其真与伪而已矣。予于是条次其本末，以使后之观者有所考而感焉。

贵池吴应箕

东林本末（上）

门户始末（始自并封，至丁巳京察，未及熹庙也。）

尝观国家之败亡，未有不起于小人倾君子之一事；而小人之倾君子，未有不托于朋党之一言。汉有顾厨俊及，唐有清流白马之祸，宋有新法，伪学所号为党人，流及之祸，中于君子，而国运随之以亡。兴言及此，真不知贾生之流涕尽而继之以血也！然党锢之祸，其流甚烈，而其源有渐：宋之党锢极于元符，而蔡襄《四贤一不肖》之诗已为之端；昭代之党祸极于万历丁巳，而嘉、隆诸政府已开其渐。故自张凤磐（名四维）以前，溯而上之，如张太岳（名居正）、高中元（名拱）、徐存济（名阶）、严介溪（名嵩）、夏桂洲（名言），其权专，其党同伐异显行于好恶之间，而人莫之敢议。然其局专于攻击前人，故一相败露，而为其鹰犬、为其斥逐者，一转盼而升沉互异，是以君子不久锢林泉，小人不终据要津也。自申瑶泉（时行）以后，递而下之，如王荆石（锡爵）、张洪阳（位）、赵瀫阳（志皋）、沈蛟门（一贯）、朱金庭（赓），其术巧，其党同伐异诡托于宫府之内，而人莫之能测。又其局专于汲引后人，故衣钵相传，而为其所庇护、所排击者，纵易地而用舍如前，是以君子竟同硕果，而小人终等延蔓也。

远不具论，试就万历间言之：当凤磐罢位，申、王当国，而许颍阳（名国）预焉，其朝议册立，天潢序定，谁敢紊之？而申、王献媚，密主三王并封之说。众口争之，遂诋为党矣。后册立既定，工部主事某（张有德）请造太子仪仗，会逢圣怒，欲置之法，时申、王、许逼于公论，具疏救之。申、王又惧其忤上，遂密揭诿过于许，而不认前疏，自谓阴阳其事，神鬼莫知，不谓上竟出其密揭以塞廷议，而黄正宾以之发抄，众正纠之，又诋为党矣。

岁甲午，申、王既败，许亦致政，改赵濑阳、张洪阳当国，而沈蛟门预焉。一日，张以其私人干主铨，主铨者不听。会传旨考察铨部，四司尽罢职，众正薄之。已而辽阳有倭变，张、沈主战，赵与石星主和。和议矣，而主战者又私一总戎李如梅。会麻贵一日败倭十一阵，倭栖釜山，疲困至极，麻贵谓辽抚杨镐曰："今日乘胜一攻，尽歼丑类矣。"时镐因如梅未到，鸣金收军，盖镐与如梅结盟，惧其不得预功耳。诘朝，倭已结寨，如梅始到。镐欲攻之，麻贵不可，谓倭已有备，攻之必败。镐不听，引兵而进。倭用弩铳乘风迎战，镐与如梅、麻贵仅以身免，辽阳精锐尽丧于此。乃匿不以闻。

独赞画兵部主事丁应泰疏其实于朝，参张洪阳、沈蛟门、杨镐等，于是洪阳与镐奉旨为民，濲阳随死，而蛟门独留，其祸遂烈。乃考察丁应泰，坐以不谨，陷给事中徐观澜，几死，并诬害观澜亲家侍郎张养蒙，罢职。

已而枚卜沈龙江（名鲤）、朱金庭。朱为蛟门之私人，龙江乃圣心特眷者。于是申瑶泉贻书蛟门曰："蓝面贼来矣，盾备之！"盖龙江居宗伯时，与瑶泉相忤，惧其衔己，欲与蛟门谋陷之；以龙江面青而黑，故谓之蓝面云。然龙江方正清操，无可龋齮。适徽商程守训等贿内，使以矿税动上，龙江揭阻之甚力，蛟门既欲联上意，又利税使馈遗。于是阉监四出，海内骚动，间有言者，而蛟门之鹰犬姚文蔚、陈治则、杨应文、钱梦皋等，承风顺旨，力为排挤矣。

其大犯公论者有二：一曰楚狱，盖自楚抚赵可怀先以家居，占人田宅，不容于乡，私奔长安，重赂蛟门，遂使可怀抚楚，嘱其曲护陈奉，到日，大失民心。已而因楚藩以假王相讦，楚王舆金钱进，且赂蛟门，诸藩恶其行贿也，逾江夺之。可怀遂坐以劫扛，不俟题请，径加惨刑。诸藩执《会典》争之，而百姓恨其庇陈奉，乘机逼杀之。可怀、蛟门遂坐诸藩以大辟者七，系高墙者数十，杀戮太多，舆情遂共愤。一曰妖书，夫妖书为越人赵士祯所刻，盖归美蛟门有功东宫，诸人不为出力献媚耳！初无他异。蛟门乃以挑激圣怒，大索京都。一欲逼死沈龙江，盖以议税矿不合也。龙江曰："妖书果自我造，我当死于西市，决不自经。"一欲逼死郭正域，盖正域发楚送蛟门礼事，遂令兵围其第宅，下家仆于狱，正域几不保首领。行至杨村，复以快兵守之，不得去，其夫人脱簪珥，令小女贸薪米以给日用，后得总漕李三才排解。众正忿其太险毒，具疏参蛟门。丙午，李三才亦疏论一贯及鲤不和，有累圣政。蛟门遂密揭逮问李三才、沈鲤、郭正域。上惊曰："如何为一阁臣，逮一同官、一侍郎、一督臣！一贯果病耶？"故批其告病疏云："卿既病，着俟后命。"蛟门始去位矣。然惧龙江留，必为后凤，乃阴贿司礼，使撼龙江，扯之同去。又恐三才入掌总宪，发彼妖书、楚狱之失，令姻娅邵辅忠参之以去。在蛟门之忿消矣，而蛟门之党如钱梦皋等，向赖蛟门而留，一旦蛟门归，失其所庇，惟恐辛亥之察，大不利于群小。于是以东林为纲，以淮抚、秦党为目，结成一大网，无人不推入其中。而察前先发以自保者，则有王绍徽、郑继芳、刘国缙、金明时，南京钱策、刘时俊若而人。察后谋翻者，则有秦聚奎、朱一桂、乔应甲、徐兆魁、周永春、姚宗文、张凤彩、彭维城、孙绍吉、陶子顾、马从龙、王三善，南京王万祚、曾陈易、周达、高节若而人。所赖主铨诸贤拼却一官，力结此局，而小人之忿愈逞，君子之身愈危。

　　迨考选一下，元凶刘廷元、李徵仪、潘汝桢等，或借衅于汤、韩（指宾尹及敬）而浙宣合；或乘机于荆（养乔）、熊（廷弼）而楚秦合；或排击于顾（宪成）、李（三才）而三吴合。假亓诗教为戎首，倚方中涵为太山，诬以四凶，诋为五鬼，屏力斥去。大臣如孙丕扬、王图、孙玮、王象乾、吴达可、翁正春、张养蒙、孙慎行、吴桂芳、叶向高、崔景荣、徐宗濬、陈荐，次第逐矣。京堂如朱吾弼、胡忻、叶茂才、朱国桢、朱世桢、郭昌、朱延禧、南师仲、朱光祚、冯上知、欧阳东凤、吴正志、金士衡、吴炯等，次第逐矣。科臣如曹于汴、李瑾、张国儒、李成名、孙振基、张键、梅之焕、麻禧、段然、熊明遇、张笃敬、韩光佑，次第逐矣。台臣如孙居相、汤兆京、吴亮、彭端吾、李邦华、周起元、徐良彦、吕图南、陈一元、王时熙、马孟祯、刘若星、魏云中、张五典、□吉人、刘兰、史学迁、荆养乔、史记事、钱春、潘之祥、宋槃、吴良辅、吴允中等，次第逐矣。部寺如孙鼎相、邹存谦、刘崇文、张凤翔、张养才、鲍应鳌、韩万象、贺烺、沈正宗、李扑、涂一榛、常澄、庞时雍、刘宗周等，次第逐矣。

至丁巳、己未两察，私恶所加，不必循例，至有未任而悬坐以不谨如李炳恭者，有任不数月而妄诬以不谨如丁元荐、潘之祥者。禁锢考选六七年不下，复借名题差，阳为旋通，阴实斥逐，势孤而言不敢发，差出而发不敢尽，致有株守日久，贫病而死者，有弃之而去者。

而现任台省，则一人常兼数差，俸近必升京堂，好官惟我做尽，国事听其日非。世界如此，宜房酉一举而城堡社稷危矣！要皆起于蛟门、龙江邪正不合，成于蛟门私人畏辛亥京察清议难容，故其党必先发以倾正人，而身固其官；卒之主察者执持不阿，小人愈忿。又见南察抑正伸邪，而北察既竣，一二败群之夫，如许弘纲、涂懋衡，阳说阴施，侧身宵小。于是金壬之焰愈张，朝廷之正人不得安其位，山林之下并不能安其身，而天下之大事去矣。《诗》云："人之云亡，邦国殄瘁。"岂不痛哉！

乃邪正之消长，政府其本，而京察则其候也。癸巳以孙鑨为冢宰，温纯为总宪，赵南星为考功，止有项应祥未归于正。然蓬生麻中，卒之黜陟称平。迨至乙巳，蛟门力庇私人钱梦皋等，所赖杨时乔时以内侍署尚书，总宪温纯、考功郎刘一琨、掌道吴达可持正不阿，虽吏垣侯庆远事后持之不坚，诸被察者缴旨留用，然而公论已稍伸矣。辛亥京察，冢宰则孙丕扬，而署总宪则许弘纲也，考功郎王宗贤，吏垣曹于汴、汤兆京，虽众正任事而邪氛已煽，君子处强弩之末，小人当蜂起之初。至丁巳、己未，方中涵为政，郑继之、赵焕掌铨事，李鋕掌院事，赵士谔为考功郎，韩浚掌道事，徐绍吉为吏垣，而居间把持，一手握定者，惟刘廷元、李徵仪，亓诗教而已。其于正人君子，若风扫残云，雨摧坏块，靡有孑遗焉。故癸巳尚矣，乙巳，则宋之熙宁、元丰也，邪正并立，而邪不胜正；辛亥，则元祐、绍圣之交，君子日退，小人日进，而正不胜邪矣；丁巳，则宋之元符，廷无君子之踪，而家蒙党锢之祸，徽、钦覆辙，恐不旋踵矣。

东林本末（中）

张江陵败后，诸不得志于江陵者悉被显擢，一时气节之士，锐然以荡灭余党为事。张蒲州（名四维）实左袒之，而茂苑申公（名时行）素为江陵所信爱，其党非众所指名者，申辄默为地以免。蒲州亦不久罢去，以故众议纷纷，将移师向申、吴。诸君子中邹元标称首，其所建白，多禁切主上者，上既不堪，申因挤出之。又令人构赵用贤等，使自相攻，于是吴中行遂仇用贤，而江东之、李植亦内不相善，新进附和居台省者，辄以年例外迁，士气亦益衰矣。

初，东仓王公（名锡爵）以营救吴、赵为江陵所忌，故诸君子共推毂，致大拜，计且藉以抗申、王。一旦反面与申合，诸所欲斥，申不自发，辄授意王，使讼言排之，诸君子皆愕然出意外，猝无以抗也。会丁亥内计，主计者希申旨，疏申所怒十九人，欲悉中之，铨曹无异议，独河南道御史王国意不可。申乃起其党马允登补河南道事，马故在国之前，遂掌道事。一日，诸御史并会堂上，允登书十九人姓名示同列曰："诸人亦可谓公论难容矣。"王国熟视，叱之曰："诸人皆骨鲠无罪之臣，罪独失申相公意耳！青天白日，何出此魅语？"直前欲拳之。允登遂走，王国逐之，环其室庑一匝。于是允登与国悉外补，而十九人得不废。

追申相国谢事，王东仓为政，诸人皆或进或退，终莫能遂其志愿。会王相国称病，文选郎中顾宪成乘间悉进诸人官，奏辄得可。时赵用贤为东仓计逐且死，吴中行亦久废不用，而沈思孝、江东之、李植、王士性辈则各奋起，彬彬列卿寺矣。思孝素善太宰孙丕扬，王国属思孝言于太宰，令推己巡抚，太宰未许也。国疑思孝不为言，怨之，构思孝于太宰，太宰颇疑思孝。一日，思孝等五人会于某勋臣家，思孝掌工部事，入内会计葺理费，以是后至。坐定，王国骤问曰："吾诸兄弟同心，而公独屡进官，何也？"思孝曰："吾向亦疑之，今日某内臣言我在大理鞫某事称上旨，上进阅恶人簿，除我名矣。"恶人簿者，盖申、王二相国去位时，疏不相善姓名，密白之上者也。王国怒曰："汝背我等附新建得迁，乃以是欺我！"众唯唯，遂罢会。于是国与李植遂攻思孝，独江东之、王士性与思孝善如故也。

乙未秋，外计，考功郎蒋时馨者，邹元标、沈思孝等所卵翼者也，至是亦攻思孝，与国等合白太宰，相欲除丁此吕、沈叙等，以为贪顽比古之四凶。此吕与叙本跅驰士，此吕尤与思孝善，思孝扬言于朝，欲救之。故事，计典将行，主计者发单于台谏，人一纸，令各列所见闻，应察治者会议之。此吕单坐赃数万，然无主名，盖时馨与其党私造者也。时馨恐不胜思孝等，乃持此吕单白太宰奏之，此吕由是坐谪戍。然自公卿以下皆重其宿名，争出祖道。御史赵文炳因劾时馨赃罪，时馨亦遂罢职。时侍郎吕坤、张养蒙皆西人，有气势，为后进所向附，善太宰而仇疾思孝等，养蒙呼文炳恐吓之，文炳即具自首："前劾时馨疏，乃江东之属草，令臣书奏者也。臣负陛下。"上不问，而思孝等则益孤。时会东之、植皆擢巡抚以出，王国与士性亦并推巡抚。王国首推，顾不得，士性得之，心不安，疏称病，以官让国。有旨调士性南京而切责之，国调外任。思孝独与其里人岳元声累数十疏攻吕坤等，及诸台谏，舌战良久，苦之。上积怒台谏多妄言，实不任事，次相张新建（名位）颇倚思孝，乃耸上敕部院尽疏台谏名上，上亲察之，逐数十人。思孝虽颇以为得意，然亦不安其位矣，遂与丕扬并谢去。思孝从此遂废，新建不久亦得罪去，自后好名喜事之徒，皆依倚西北，谓之正人君子。

沈归德为次相，温纯为总宪，身为标的，招集贤良，以引同类。而首相沈四明（名一贯）承王东仓、赵兰溪之后，布列私人在要地，共相与扼之。会楚人郭正域掌礼部，谓楚王非宗室裔，其疏宗方上奏讦，正域为之谋主，欲遂革正之。然王已立三十年，事远证不具，四明及诸卿、台谏皆受王赂遗，莫肯从正域议者。无何，妖书事起，四明乘上怒，欲陷归德（沈鲤）及正域，悉取其往来游客考系之。正域狼狈走归，几及于祸，独部郎于玉立左右之，亦被斥。玉立者，名家子，少倜傥喜事，自前辈赵用贤即器之为忘年交，尝鞫宁夏事，因湔释罪抚魏学曾，奏得可。学曾西人也，以故玉立虽江南人，特为西北所钦信。是时，顾宪成罢归久，于锡山创东林书院，招集士绅讲学其中。其学经生之所知者，绝无足听也，徒相与臧否人物，訾议国政，冀当国者闻而药之。玉立既参议其中，则往往致西北之同志者，令多方奏论之，以故附四明用者辄罢去。四明度不能留，遂计挈归德同去，而政授之朱山阴矣。

当四明在位时，内外计典已辄为部院所持，不能自主，及山阴（朱赓）益懦且老，不为众所惮。于是谋复召东仓，以中旨下之，而于东阿（慎行）、李晋江（廷机）、叶福清（向高）亦同日拜焉。晋江独在京师，得先入，东仓方引故事疏辞，而顾宪成为文二篇，号曰《梦语》《疢语》，讥切之。江西参政姜士昌以庆贺入，遂疏劾锡爵再居相位，褊愎忌刻，摧抑人才，不宜复用，语连廷机，大抵推顾宪成旨也。东阿以拜官入，卒不与政，福清亦无根柢于旧相，持东林者十有八九，益相与咀嚼东仓、山阴、晋江，令不得在位，并其党斥逐殆尽，而福清遂独秉政，海内皇皇以起废一事望之，福清度不能得请，请亦不力也。

东林暨西北人士所属望为冢宰、总宪者，曰淮抚李三才。三才与王国有睚眦之隙，国恨之深，对客骂不绝口，国之弟图翰林掌院，与三才善，国亦不信其言，西北人士之心，始内离矣。先是，浙人以赵、沈、朱三相故，为西北所摈，困厄日久，而西北人方并合劲楚，延揽东林，浙人虽恨之，不能报也。会南给事中段然怨翰林顾天埈，为忿词数千言奏诋之。天埈与同官李腾芳相期许，两人皆郭正域所亲也，腾芳疏言："臣与天埈同志，天埈被诋，臣义不待独留。"遽弃官去。段遂并攻李，恐不胜，辄走东林求助，东林许之。于是正域怒曰："东林私我所憎，攻我所亲，岂与我为难耶？"遂切齿东林，西楚之雄俊者始不附矣。浙人乃令其党说王国曰："当今与公争权者李三才耳！吾等为公尽力攻三才，公当为后劲。"国然之，时方巡抚畿辅，日夜削牍走京师，毁訾三才，其弟图讽之曰："攻淮抚者，攻吾兄弟者也。"国叱不听。于是攻与救者日夜相构，宛若两敌国者，互指为奸邪、为盗贼，弃官者以数十，而三才卒用是困矣。

时孙丕扬复起为太宰，衔思孝不已，顾宪成贻书劝之，欲令洒濯思孝，复引与同心，则依附者自解，且宜拥卫三才，勿堕他人计。丕扬信国语，怒不省，而好事者遂录其书传天下，东林由是渐为怨府。浙人欺丕扬老聋，绐令发单访东林得失。王图连夜叩扉，激丕扬曰：

"若然，先生五十年立朝名节，一旦尽矣！"丕扬悟，止不发。自是楚浙并侧目于图。时朝中犹斥浙人为四明之党，以故每事不敢先发，往往推楚人为军锋，而乃芟刈之。顾、李已败，词林久次者前后为台谏王所谪，无完人。宣城汤宾尹入馆才四五年，以前辈寥落，颇自负，益折节下人，以故顾、李争附之，欲倚以屈王图。辛亥内计，王图掌院事，遂斥宾尹。而丕扬主察，明督诸曹，治楚、浙党，被斥者甚众。余人不服，哄然为宾尹等七人称冤，章日上。独宪成门人丁元荐抗言，谓七人宜察，救者非是。于是台谏同声击元荐，元荐与往复数番，卒以病罢，丕扬、图亦相继去矣。是时，西北、东林日益衰谢，楚、浙之党蔓引他省，玉立身被数十疏，犹日出奇，使其门生故人伺衅攻之，不肯遂已。后宪成死，福清亦罢相，方德清（从哲）用事，台谏右东林者尽出之，他傍附者皆以法谪去，向之罪申、王攻四明者，久亦不复计，而东林独为天下大忌讳矣。

外史氏曰：禄位无常，一兴一衰，固也，贤愚是非亦随以迁谪，谓之何哉？张江陵以前，嗣相位者必反前人之政：进其所忌，退其所昵；申、王以后，转相拥护，久而不败，议者比之传钵沙门，信夫！前相用廷杖钳天下之口，被杖者卒成名士，乘间蹈暇，遂起为难。申、王去廷杖，凡得罪者谓之钦降官员，终身不叙，遂皆老死不振。覆车戒前，抑善自为谋哉！然朱山阴以前，台谏虽诋訾内阁，内阁终亦有所持而不为役使；福清之扫昆、宣，德清之荡东林，曾有一毫己意行乎其间也哉？吁，可哀也已！

东林本末（下）

江陵夺情

论曰：予追溯东林所自始，而本之于争夺情，以其为气节之倡也。夫江陵之锋，触之立碎，诸君子岂甘以其身为刘安成之续哉？扶国纪而明人伦，虽身死何惜？则吉水即为后日之讲学，当其发抗愤之际，虽圣人所谓朝闻夕死者，有以加乎？吴中行、赵用贤、沈思孝、艾穆后有用不用，要之为忠臣义士也。江陵败，而后之秉国者如吴如娄，又一异矣：无江陵之横，而有其擅；非江陵之才，而多其妒，起而角之者，非黜则锢。于是林岩之间，贤哲相望，其诸君子进不得用，退而有明道聚徒之乐，此谁使之，而又党之？噫，甚矣！天启间耆老仅存者尚秉用，未几，党锢兴，而实发难于吉水，则君以此始亦以此终者，其是之谓欤？

或谓予："吉水晚节稍异，甫至京，即属福清以复江陵谥为首务，且悔其论劾为少年客气。"予曰："是何言哉？是何言哉？"后以问方侍御（震孺），侍御曰："先生为总宪，莅任，诸御史皆在坐，先生曰：'江陵之不守制，罪也，予往时不得不论；由今思之，则江陵未尝无功，谥亦不可不复。诸君以为何如？'时诸御史皆服先生无成心，其始终皆为国也。"呜呼，由侍御之言观之，此所以为东林哉！

三王并封

论曰：予尝读王文肃奏议，未尝不叹服其才，则亦岂未尝学问者。而东宫继嫡之议，三王并封之拟，此何以称焉？重于失君，遂于天下之大计有所不暇顾者，则将焉用此相哉？幸当时诸部科以死争之，而王亦旋自悔刈，故其事得寝；不然，太仓之肉，岂足食乎？争三王与争考功俱一时事，争此未尽者，于考功尽焉。呜呼，其甚矣！

予尝叹国家养士数百年，未尝不收其用，然有二尽：嘉靖时尽于议礼，万历时尽于国本；非议礼、国本尽之，而为留中永锢者尽之也。永嘉实才相，视当时建议者老死窜戍，卒无一语，推是心也，其以破人国家有余矣！区区者何足以尽之？况所谓太仓者才又不及乎？然议礼意见相左，其时无党名。争国本则有菀枯于其间，而邪正分，邪者遂目诸君子为东朝之党。夫东朝何人也？而曰党，则为是言者，人道尽矣！虽然，东朝果可党也，此非不佳事，而何以东林之外寥寥焉？尝读君子封事与史玉池恭惟条议，及顾泾阳所与王太仓书，未尝不作而叹曰："党哉，党哉！顾国家安得尽若人而为之党也！"

癸巳考察

论曰：予闻吏部自江陵擅权后，诸司仰政府鼻息，即冢宰无能自行其志者。迨平湖陆五台负其权智，始一振拔，而孙清简、陈恭介继之，于是阁不得挠部权，而统均之以体肃，盖称国家三太宰云。若赵高邑之为考功，则尤异矣：高邑主计，大约先邪佞而次贪鄙，严要津而宽散秩，清夜篝灯，精心衡量，有虫巢于耳而不知。遇一权势姓名，则奋腕抑之，而所斥都给事中，则其姻家，所斥吏主事，即冢宰甥也。嗟夫，国家二百余年，有此铨司哉！而使有贤辅臣焉，所当委己任之，昌言论荐，俾蒙不次之擢；奈何以丧其所私，反肆之螫？而一时大寮列署以论救罢斥者，至十数君子焉。政府可谓肆志而愉快矣，于国家何，于万世何？然则太仓也，新建也，兰溪也，岂非高皇帝之罪人哉！

自是之后，高邑白首林居，而诸子以高邑废者虽死不悔，于是而曰党也，真所谓君子亦有党矣。抑予尤有感焉，癸巳而后，其为察也可知矣，贤者率数十年而不胜。辛亥则门户分焉，至举国聚讼不决，三案兴而东林大败。要之，不三案何以知东林哉？今亦幸有三案为泾渭矣！而邪者尤呶呶焉，此亦何与？夫人而邪也，吾无责焉耳！而依附门户者实亦有人，见小利害即不能不掉臂去。岂独不能与政府抗，实呈身焉；岂独不能弃官以争，且卖友矣。呜呼，此乌睹所谓东林哉？闻高邑诸君子之风，其亦可反而愧死矣！

会推阁员

论曰：予于癸巳，盖不胜世道消长之感焉！诸君子之被祸也，争并封未尽者，大计尽之；大计未尽者，会推又尽之。自顾泾阳削归而朝空林，实东林之门户始成。夫东林故杨龟山讲学地，泾阳公请之当道，创书院其上，而因以名之者。时梁溪、毗陵、荆溪、金沙、云阳诸公，相与以道德切劘，而江汉北直遥相倡和，于是人品理学遂擅千百年未有之盛。然是时之朝廷何如哉？夫使贤人不得志而相与明道于下，此东林之不愿有此也；即后此之为贤人君子者，亦何尝标榜曰"吾东林"哉？朝廷之上见一出声吐气，乡党之间有一砥行好修，率举而纳之曰："此东林也。"浸淫二三十年，壮者衰，老者死，迨辽难作，而势不可复支，至不得已，求人于此中，而又以门户挠其成，而利其败。呜呼，此谁非癸巳以后之为哉？吾故观于此而不胜感慨系之耳！虽然，国家实非不幸而有此也。

予尝以为留东汉之天下者，气节也，凶如董卓而不能取，奸如曹操而不敢取。天启乙、丙之间，一阉作孽，不过刀锯余息，乃能使天下衣冠之徒回面污行，事至不忍言，而累累相接，骈首就诛，卒以其死力捍之，使圣贤读书之种不绝，而为留未竟之绪，以待今日圣明再驭者，此谁为之？则东林之流风余韵，犹能系人宗社如此也。谁谓党人不可为哉？予尝客梁溪，历阳羡，徘徊毗陵、华阳之间，过东林废址，访求诸君子遗事，而益叹夫东林之名，世之所讳言也，则亦实考其所以为东林者而已矣。

辛亥京察上下

论曰：是役也，举国分为二党：曰西北，曰东朝，其实东林也；曰昆，曰宣，其实南也。夫君子以小人为小人，亦以君子为小人，于何辨之？前此之夺情、之并封、之京察会推，不已较著乎？邪者曰："彼一时偶为之耳！何得概生平？"今试观天启乙、丙间事何如哉，何向之攻东林者，尽甘心从逆而不辞也？夫依附东林者，岂曰无人？亦宁至媚阉作逆，以为狗彘所不为之事？此而亦将曰："吾一时偶为之耳！奈何遂以概我哉？"

夫朋党之说，无代无之，要未有如吾朝之截然者也！唐之二党皆为小人所附和，宋之三党皆君子，而使小人借之为兵端；独汉之诸君子事起于与宦竖角，而钩党之祸独剧。夫近时所角者皆朝臣，角之不胜，至借宦竖以扑之，其祸亦略与汉同。夫士人与宦竖角，而诬以朋党，可言也；士人与士人角，而以朋党相倾，犹可言也；倚宦竖以作孽，而倾士人，此固向者节、甫辈之所羞称，而不意圣朝士大夫为之。然则不有东林，其可谓世有士人也哉，又何党之足云？

又曰：孙富平之为太宰也，以不直沈纯甫、李道甫与东林尤，及再出，而何以为东林驱除也？岂非以佐铨者有王、袁、白，而长台省者之为汤、曹乎？然闻汤宾尹之黜也，汤兆京持之力，而萧云举以衙门体救宾尹，至于屈膝，富平断断不可曰："老夫为今日去一严嵩，快哉！"此真太宰矣！

然是时攻淮抚者无完肤，因以及无锡。即今号为贤者，举及淮抚，辄曰："此东林之累也。"而于金坛之于中甫亦然。盖谓淮抚贪而淫，执朝权者实中甫为之，即福清入相，于亦有力焉，无锡且为两人用而不觉。是言也，尝疑之。乃赵高邑则谓使淮抚为经略，为中枢，东事必不至败；而顾泾阳则谓淮抚有功于国家，必无暮夜受金事；桐城马侍御至死时犹曰："谓修吾贪，吾不瞑目。"夫然，贤者尽妄语乎？后予以问通州范玺卿，曰："淮抚固不贪，然豪侠人也。不善自匿饰，又挥金如土，以故来谗慝之口耳！"且不攻淮抚，又安得东林之巇而诋之。又以中甫质吾乡郑太宰，太宰曰："果若人言，于何自以废主事终乎？"呜呼，两先生盖持中之论矣！及予阅三朝封事，逆党以李三才为盗臣，其言皆横詈者，此不足辩。而吾乡一御史（光复）首攻淮抚，御史固时所称抹杀忠臣孝子者也。其攻淮抚以贪，而御史又非不贪者，则其所谓贪，又可知矣。

三　案

论曰：予观逆党之翻三案也，必以东林为口实。盖以并封者三案之源，而东林者以并封而著，不倾东林，何以护持三案乎？然前之争并封，与后之争三案者，人虽殊也，功则同也，而受祸更酷。东林之为东林，至后而愈难哉！夫东林之能，既见于天下如此矣，其攻东林者，又作孽如彼矣，此即三尺童子能起而明其趋舍者，而世之人犹好指摘贤人君子之细，以巧诬而乐道之。吾然后知大道之不明，而乱臣贼子之不绝迹天下也。

　　或曰：东林往矣，向之忠言至计与夫蒙难受祸之事，世多不察，而末世漫拟富贵之习，又入人骨髓，彼岂不知诸君子之贤？反之身而有所不便，故即逐声相吠不恤耳！要之责人以受祸诚难，但不至悖而从逆也。此稍读书知道理者皆能之。彼向之持三案以攻人者，乃作如此举动！由是相提而论，宁过而訾东林，忍乎哉？然则世之核东林者，无他道也，但以今上所钦定之逆案，与夫逆党所作之《点将录》，合而观之，而天下之大辩在是矣。

寄孙钟元、傅青主两先生书

　　前渡河，过卫辉见孙先生，过太行见傅先生，私幸海内孤桐，硕果并获，亲承提诲，快慰平生。洎聆绪论，分晰东林、逆党诸事，诚见之确、断之明，足为千秋定论。不肖小子，向读先子《启祯两朝剥复录》，稍知明季遗事。此书攸关朝野，直书不隐，昔罹兵燹散失，闻归德侯督师曾录副本家藏，坚三走中州，访兹遗稿于侯仲衡先辈家，始得之。惜零落不全，蒙两先生下索数番，知护惜人文，留心家国，敢不奉教？适同曲沃李仲木客大梁，特录稿属其代寄，幸存为他日之信史，不则效心史沉铁函于井底耳。

乙巳秋九月

孟坚寄于杞县

何元锡跋

　　是册得于广陵书肆，时将归里，舟行二十里即阻石尤，重逢铁梅三兄。兄刚肠疾恶，雅慕东林，见之爱甚，频惜猝不及钞。余心知其意，爰将此册副以新刻《列子》赠别吾兄。他日立朝，其必为东林之君子。

道光甲申七月十八日

钱唐何元锡识

朱栾跋

《东林事略》三卷，何子梦华赠于广陵舟中。上中二卷纪门户始末，标题下有夹行小字云：自并封起，至丁巳京察止。盖一卷分为二卷也。丁巳以前皆万历时事，盖追叙东林得祸之由，为熹庙逆案张本耳。下卷论七篇，标题下亦有夹行小字云：始自邹南皋谏夺情，至《三朝要典》止。今检下卷末条标题"三案"二字，疑"三朝要典"为转写者误增。且是书首尾完具，"三案"正东林结局也。

族祖太仆卿吾弼，《明史》有传，言万历间召为大理右丞，齐、楚、浙三党用事，吾弼复辞疾归。是册上卷谓京堂如朱吾弼等次第斥逐，正其官大理时。足资考证，已见一斑。惟撰人题无名氏记，案家竹翁《明诗综》有吴次尾先生小传，所著有《东林本末》六卷。此册叙次简明，词严义正，绝似次翁，且与所撰《熹朝忠节死臣传》手笔相合，疑即吴书标目卷数不同，或录者改并也。如获拱璧矣。

比居扬城，有老书贾言曾见吴书，视此多三倍。质之吾友阮梅叔亨，会有客在坐，云即蒋大鸿《东林始末》，梅叔当检架上《四库全书提要》，蒋书始于万历二十一年，吏部稽勋司员外郎虞淳熙、兵部职方司郎中杨于廷之中京察，终于崇祯十六年，大学士周延儒之赐死，与此迥别。虽作者无征，未敢臆断。然其时门户水火，俾后人得以考见，亦读史者所不能废也。

抵家后，倩里中吴茂才振鹏楷录副本，庋之行箧，以俟质之江浙藏书家。梦华名元锡，钱唐监生，邃于经疏，嗜金石。阮芸台师《十三经校勘记》，经籍纂诂，盖多出其手云。

　　　　　　　　　　　　　高安铁梅朱栾跋

朱航跋

大令夏嗛父先生以《校证吴忠节公两朝剥复录》刊本寄示，并欲续求遗书以广其传，闻先子九芝仙馆藏书有是编，及《留都见闻录》《熹朝忠节传》，贻书索钞。爰倩友人丁君知远各录一册，虑有脱误，为之复校数过，并仿书后之例，识之册末。

据公之孙吴铭道所跋《留都见闻录》，谓《东林记事本末》归之阳羡陈氏，久不可问，则是书之显晦殆不可知。先子据《明诗综》所载，疑所得《东林事略》标题不同而绝似次翁手笔，以无左证，不敢质言。家藏副本，先子手赠长乐温伊初丈（训），而何丈原本尚在箧中。航重加校阅，见此册卷尾有"先帝殉社稷之三年十二月十八日，琴川渔父呵冻录"一行。考甲申之三年为顺治丙戌，琴川在今苏州昭文县，明之常熟地，则是书缘起在于国朝定鼎之初，出自胜朝遗老所录，阅二百年，展转入书肆中，岂非烧劫之余烬哉！流传浸久，字迹间有漫漶处，幸护壳装以柿油高丽纸，得不残损。因用纸逐叶粘衬，以待续钞。及揭护壳，有叙一叶在焉。其纸较原书狭五分，折痕已断，字迹出一手，其为何丈原本所夹，或先子别自他本所钞，均不可考。

其标目曰《东林本末序》，下有夹行小字云：书共六卷，存陈其年太史维崧家。卷数与《明诗综》所载合，而存于阳羡陈太史家，与吴铭道所跋之《留都见闻录》合，益喜先子所疑为公书者，已有确证。及校至下卷，见《辛亥京察论》中有"吾乡郑太宰""吾乡一御史"之语。郑太宰名三俊，建德人。一御史谓刘光复，青阳人。二人皆与公为同郡，故称吾乡。然则是书确系公之原稿，而《事略》之即《本末》，铁板证据，可无疑矣。

复与大令往返商榷，《东林事略》疑系转写者所更，今证以序中标题，合之《明诗综》所载，"本末"二字原系先生自定，今悉仍之，从其朔也。上中下三卷，卷数不符，先子疑其为并，大令疑其为删（检讨仕于国朝，或恐卷中有牵涉辽事如《幸存录》者而删之），然六字亦恐传闻之误，今并记之，以俟他日考证也。撰人名字下题之曰纂，仿《忠节传》例也。

呜呼！不有何丈，何自得见此书？不有大令之索取公书，何自定为楼山原本？虽赵璧既归庐山，可识滥觞于先子之一跋，而严搜下逮，楹纳重寻，遂使四十年来之疑案，一旦涣然冰释，岂非忠义之精光，有以呵护而默相之者耶？驹驹过隙，宰木生风，恨不能起先子于九京而快睹之。抚卷怅触，能勿慨然。

时同治甲子之夏
朱氏子航谨记

夏燮跋

是编《东林事略》上中下卷，即贵池先生《东林本末》之原书，高安朱铁梅孝廉跋之于前，哲嗣莲洋征君记之于后，其为楼山撰著之散轶者，灼然如晦之见明矣。燮因刊先生《两朝剥复录》竣，函致索取，征君精心雠校，录其副以贻余。

余检《荆驼逸史》刻有是编，取以对校，则序与书标题之异，及卷数之分上中下，撰人之题无名氏，靡不吻合。惟下卷论凡七首，佚其"三案"之一首，而原题"七"字及原注"至三朝要典止"，尚仍其旧，则转写者脱漏也。复查此册钞本，卷尾一行所谓"琴川渔父"者，疑即汲古阁之毛子晋也。然则是编初归阳羡陈氏，展转入常熟毛氏，录者在国初定鼎之三年，其为原本之未梓者，遂为稗乘所捃拾。而证以《壮悔堂集》所撰《楼山集序》，言"一时露布，被以殷顽之目"，宜其片纸只字，悉以挟书之厉禁持之。无名氏之称，有自来已。最后又得《楼山堂集》三十七卷，中有《国事论》一卷，则是编下卷之七论皆在焉。又序中并载《东林本末序》，盖单行之书，凡论与序皆入文集中，亦集部通例也。若此书归之阳羡陈氏，载入原序夹行中，不但与吴道铭所记合，而证以《楼山集》中《复陈定生书》，则己卯之春，先生以原稿手寄陈公子授梓，越五年，遂遭鼎革，迨顺治壬辰，公子仅出其《楼山遗稿》授归德侯公子序之，而其时是编已佚，宜铭道之以为久不可问也。然则陈氏失之，毛氏收之，证以卷尾之一行，则是编之源流可考也已。

惟原本六卷，铁梅先生以为录者改并。今详绎上中二卷，多有上下文义不相联属者，盖转写之乱始于删改，删则卷数少而不得不并，改则讹谬相沿，或干支之混淆，或姓名之舛错，甚至时事颠倒，如"癸巳以后之京察"，词意矛盾，如"泾阳贻书之相臣"。虽先生信笔之书，未必无一时误记者，然其节目之大，关乎国事人才，今所校证，或统观全书之前后，或参校本文之上下，又证以正史及他书所载，刊改原文之误。其有盖阙者，则仍之。并合征君所校，散入各条下，同署名于骥尾。

嗟乎！寻坠绪之茫茫，独旁搜而远绍。朱氏乔梓其勤矣，而燮以邻里后进，获与斯文，遂得于破瓿残简之存，一吐其青磷碧血之焰，发潜阐幽，非曰能之，窃取私淑，意在斯乎？汗青有日，敢告椠人。

时同治三年甲子之冬
皖南后学夏燮嗛父谨识

刘世珩跋

　　光绪甲午四月，四兄世叶刻吴次尾先生《东林本末》，丹黄满纸，校未及半。越年乙未，同上公车，二月道出上海，四兄疾作，遽殁于南市之吉祥弄元源庄次。数年来不忍翻其遗墨，然终不忍不卒业以竟其志。余适汇刻《贵池先哲遗书》，因搜先生遗著，亟为刻成，复勘一过，不禁暗然者久之。

　　此书散见于《荆驼逸史》，按序首行标目下孟坚注：书共六卷，存陈其年太史维崧家。又孟坚编《楼山堂集》，目分已刻、未刻，于未刻文集目列有《东林本末》六卷，与《明诗综》所载正同。惟《县志·艺文》作《东林纪事本末》四卷，《通志》亦作四卷，惜世无传本。今所存者，只此三卷，或有所省并，未可知也。在同治甲子、乙丑间，当涂夏嗛甫大令燮假得高安朱氏所藏钞本，亦只三卷，刻入《楼山遗书》，订误校讹，为力不浅。

　　按《逸史》所收《东林事略》，即此书上下卷，《逸史》又收《江陵纪事》，亦即此书之中卷。互相考证，尚有大令未校出者。卷上"或借衅于汤、韩而浙

036

宣合"，夏本脱"而浙宣合"四字。卷中"计且藉以抗
申也。一旦反面与申合，诸人申所欲斥，申不自发，辄
授意王，使讼言排之"，《纪事》作"计且藉以抗申，
王一旦反面与申合，诸所欲斥，申不自发，辄授意王，
使讼言排之"；又"马故在国之前"，《纪事》作"资
故在国前"；又"诸人皆骨鲠无罪之臣，罪独失申相公
意耳"，《纪事》作"诸人皆骨鲠无罪，独失申相公
耳"；又"允登遂走，王国逐之"，《纪事》无"王"
字；又"王东仓为政"，《纪事》无"东仓"二字；
"会王相国称病"，《纪事》无"相国"二字；又"此
吕为尤"，《纪事》作"此吕尤与思孝善"，无"为"
字；又"四明自度不能留，内外计典已为部院所持"，
《纪事》作"四明度不能留，遂计挈归德同去，而政柄
授之朱山阴矣。当四明在位时，内外计典已辄为部院所
持"，多二十二字；又"梦语寐语"，《纪事》作"梦
语寱语"；又"国此时方巡抚畿辅"，《纪事》作"国
然之此时方巡抚畿辅"；又"攻淮抚者，攻吾兄弟者
也"，《纪事》作"攻吾兄弟渐也"；又"宛若两敌
国者"，《纪事》无"者"字；又"弃官以数十"，
《纪事》作"弃官者以数十"；又"东林由是与浙为怨
府"，《纪事》作"东林由是渐为怨府"。卷下"幸当
时诸部臣以死争之"，《纪事》"部臣"作"部科"。
其所异均胜于夏本。昔四兄所据，乃《逸史》本也。夏

本改"己亥"为"癸巳"，改"吴中行遂仇用贤"当作"中行、用贤遂仇思孝"，则大令所校者是。

《逸史》后有吴孟坚一札，为夏本所无。夏本有何梦华、朱铁梅、朱莲洋三跋，今同大令一跋均刻于前。庶知大令得书原委，亦不没其校订之功，而著吴先生之名于前序。序既载于《楼山堂集》文第七卷，更又何疑焉？后之览者，慎勿以夏本有疑于此书也，则幸甚矣。

光绪二十五年己亥三月十一日
县后生刘世珩谨跋

东林始末

［明］蒋平阶

东林始末

万历二十一年二月，京察竣，三月己未，刑科给事中刘道隆论吏部稽勋司员外郎虞淳熙、兵部职方司郎中杨于庭，台省交谪，而吏部曲为解，仅议一职方主事袁黄，非体。上责吏部回奏。尚书孙鑨言："淳熙，臣乡人，安贫好学，非有先容之助；于庭，任西事有功，尚书石星亦言之，臣不忍以功为罪。且既命议复，自有异同，惟各原其心，求归于当。若知其无罪，以科道之言而去之，昧心欺君，臣不能为。"上以不引罪，夺俸三月。考功郎中赵南星镌三秩，调外。淳熙等并罢。刘道隆以不指名，亦夺俸。鑨乞休，不许。

鑨复奏曰："人臣之罪，莫大于专权；国家之祸，莫烈于朋党。夫权者，人主之操柄，人臣所司，谓之职掌。吏部以用人为职，进退去留属焉。然必请旨而后行，则权固有在，不可得专也。今以留二庶僚为专权，则无往非专矣！以留二京职为结党，则无往非党矣！臣任使不效，徒洁身而去，俾专权结党之说，终不明于世，将来者且以臣为口实，又大罪也。"因请乞骸骨归。

　　先是，内计去留，先白阁臣，鑨及南星力矫之，王锡爵不悦。鑨既被谴，都察院左佥都御史王汝训，通政使魏允贞，大理寺少卿曾乾亨，礼部郎中于孔兼，员外郎陈泰来，主事顾允成、张纳陛、贾岩，国子助教薛敷教俱论救，礼部郎中何乔远、主事洪启睿复合疏言之，孔兼、允成、敷教俱谪外。甲子，礼部员外郎陈泰来疏曰："臣通籍十七年，四历京察，部权自高拱、张居正以来，尚书惟张瀚、严清，选郎惟孙鑨、陈有年颇能自立，余则唯唯讷讷，滥觞于杨巍，而扫地于刘希孟、谢廷寀。今复借拾遗荧惑圣怒，即去时之故智，将来必挈权以阿阁臣，而后为不专权；必植党以附阁臣，而后为不结党。"上怒，降泰来。癸未，左都御史李世达请宥泰来等，不听，南星、淳熙、于庭、黄各削籍。

　　四月辛丑，吏部尚书孙鑨罢。九月，吏部右侍郎赵用贤罢。先是，用贤为检讨，生女三月，中书舍人吴之佳约以币。及用贤谏张居正夺情，削籍，之佳为御史，过吴门，用贤往饯，不为礼，因反币，终字女蒋氏。之佳子镇亦他娶，不相及也。用贤负气节，素不为王锡爵所善，镇讼之。罢用贤，之佳亦降。户部郎中杨应宿议赵用贤绝婚非是，行人高攀龙申救，得罪诸臣，语侵阁臣，指应宿为诡诶。应宿遂讦攀龙，并及吏部文选郎刘四科、赵南星、顾宪成等。锡爵封应宿疏上。闰十一月甲午，行人高攀龙上言："大臣则孙鑨、李世达、赵用贤去，小臣则赵南星、陈泰来、顾允成、薛敷教、张纳陛、于孔兼、贾岩斥。近李桢、曾乾亨复乞归，选司孟化鲤又削籍矣。中外不曰辅臣不附己，则曰近时不利用正人，果谓出于圣怒，则诸臣自化鲤而外，未见忤旨，何以皆至罢斥也？皇上有去邪之果断，而左右反得行其媢嫉之私；皇上有容言之盛心，而臣下反遗以拒谏之诮，为圣德累不小。"丙申，都察院左都御史孙丕扬核"杨应宿激而嫚骂，高攀龙疏而易言"，命降应宿湖广按察司经历，攀龙揭阳县典史。仍谕建言诸臣："时事艰难，不求理财足兵实政，乃诬造是非，部院公论所出，今后务持平核实。"

二十二年五月丁亥，吏部推阁臣王家屏、沈鲤、陈有年、沈一贯，左都御史孙丕扬，吏部右侍郎邓以赞，少詹事冯琦，不允。初，阁臣王家屏以谏册储罢归，至是上谕有"不拘资品堪任阁臣"语，吏部遂以家屏等名上。上览不怿，下旨诘责，以宰相奉特简，不得专擅。吏部尚书陈有年争之，以为冢宰、总宪廷推，自有故事，王家屏为相有名，若宰相不廷推，将来恐开捷径，因乞骸骨。上命驰驿还籍，以孙丕扬代之。辛卯，以沈一贯、陈于陛为礼部尚书兼东阁大学士，直文渊阁。调文选郎中顾宪成，给事中卢明陬、逯中立先后疏救。上益怒，宪成削籍，谪明陬、中立按察司知事。甲午，礼部郎中何乔远奏救宪成，谪广西布政司经历。

先是，国本论起，言者皆以早建元良为请，政府惟王家屏与言者合，力请不允，放归。申时行、王锡爵皆婉转调护，而心亦以言者为多事。锡爵尝语宪成曰："当今所最怪者，庙堂之是非，天下必欲反之。"宪成曰："吾见天下之是非，庙堂必欲反之耳！"遂不合。然时行性宽平，所斥必旋加拔擢。一贯既入相，以才自许，不为人下。宪成既谪归，讲学于东林，故杨时书院也。孙丕扬、邹元标、赵南星之流，謇谔自负，与政府每相持。附一贯者科道亦有人，而宪成讲学，天下趋之；一贯持权求胜，受黜者身去而名益高。此东林、浙党所自始也。其后更相倾轧，垂五十年。

二十三年秋七月己卯，巡按直隶御史赵文炳劾吏部文选郎中蒋时馨幸进鬻爵，下廷议。尚书孙丕扬代时馨辩。丙戌，时馨削籍。时馨贪黩，初知新谕，调嘉鱼，迁南京大理寺评事，故为敝衣冠，从邹元标讲学，历考功、文选二司。及被劾，请廷质，且曰："戎政兵左侍郎沈思孝庇浙江海道丁此吕，避察不得，又求少宰不得，遂同谕德刘应秋、大理右少卿江东之等诋李三才授赵文炳冀陷太宰而代之。"上怒其渎辩。甲午，逮故浙江海道副使丁此吕。

蒋时馨既斥，孙丕扬为衅由此吕，沈思孝以此吕建言不宜察，丕扬遂上此吕访单，贪婪赃迹，虽建言无幸脱理，命逮下狱。对簿之日，承服朱砂床具等累累，丕扬遂与思孝交恶矣。八月，沈思孝言孙丕扬庇属负国，丕扬乞休，不允。十一月丁丑，工部员外郎岳元声言："言官攻言官，大臣攻大臣，不若俱罢之。"

二十四年八月癸亥，大学士张位乞罢，不许。时吏部尚书孙丕扬乞休，疏二十上，言权官坐谋，鹰犬效力，义难再留，以位党丁此吕、沈思孝也。上责丕扬无大臣体，宜协恭，毋相牴牾。闰八月，吏部尚书孙丕扬、右都御史兼兵部侍郎沈思孝罢。

二十七年五月丁巳，以光禄寺卿李三才为都察院右佥都御史巡抚凤阳。

二十九年九月戊午，礼部尚书兼翰林院学士沈鲤、朱赓兼东阁大学士，直文渊阁。时廷推九人，上已点朱国祚、冯琦，而沈一贯密揭二臣年未及艾，曷少需之，先爱立老成者。赓得入。鲤先任礼部，与申时行左，请告，上不许；吏科都给事中陈与郊因疏劾鲤，鲤求去益力。上私语曰："沈尚书不晓我意。"遂有是命。

三十一年夏四月，楚王华奎与宗人华越等相讦，章下礼部。初，楚恭王隆庆初废疾薨，遗腹宫人胡氏孪生子华奎、华璧；或云内官郭纶以族人如绹奴产子寿儿及弟如言姜子尤金梅所出，并入宫，长为华奎，次华璧。仪宾汪若泉尝讦奏，事下抚按，王妃坚持之，乃寝。华奎既嗣楚，华璧封宣化王。华越素强御，忤王，越妻又如言女，知其详，越遂盟宗人二十九人，入奏："楚先王风瘴不能御内，乃令宫婢胡氏诈为身，临蓐时，抱妃兄王如言子为华奎，又抱妃族王如绰舍人王玉子为华璧。皆出于妻恭人王氏口，王氏如言女，故知之，二孽皆不宜冒爵。"章入，通政司沈子木持未上。

六月，楚王劾宗人疏亦至，事下部，礼部右侍郎郭正域曰："王奏华越事易竟，华越奏王非恭王子，乱皇家世系事难竟，楚王袭封二十年，何至今始发，而又发于女子骨肉之间？王论华越一人，而二十九人同攻王，果有真见出真情否？王假则华越当别论，王真则华越罪不胜诛。"沈一贯以亲王不当勘，但当体访。正域曰："正域，江夏人，一有偏徇，祸且不测！非勘则楚王迹不白，各宗罪不定，王迹勘，各宗罪不勘，人于何服？"时正域右宗人，而辅臣沈鲤又右正域，户部尚书赵世卿、仓场尚书谢杰、祭酒黄汝良皆谓王非假，一时阁部互相龃龉。给事中姚文蔚劾郭正域故王护卫中人，修怨谋陷王；都察院左都御史温纯劾御史于永清、给事姚文蔚，刺及沈一贯。九月己巳，刑科都给事中杨应文、给事中钱梦皋各劾郭正域，梦皋并及次辅沈鲤。俱不报。上卒以王为真，而正域罢去。寻楚府东安王英㷿、武冈王华增、江夏王华壇等，请复勘假王。不听。时核楚事皆朱赓，二沈引嫌不出。

十一月，妖书事起，沈一贯疑郭正域为之，钱梦皋遂直指正域，且及辅臣沈鲤。陕西道御史康丕扬将例转，内监贾忠贞语丕扬，乘妖书可免，丕扬遂起而佐之，后归狱曒生光，得解。

三十三年春正月，考察京官。时主察当属吏部左侍郎杨时乔。辅臣沈一贯惮其方严，请以兵部尚书萧大亨主笔。疏上，上以时乔廉直，竟属之。时乔与都御史温纯力持公道，疏上，留中。三月辛巳，吏部趋计疏，中旨留被察给事中钱梦皋、御史钱一鲸等；复论："京察科道不称职者甚众，岂皆不肖？必有私意，朕不得无疑。"盖以一贯私人被诘责也。时乔、纯言："察处科道：万历二十一年，科七人，道七人；二十七年，科五人，道九人；今议处科四人，道七人，皆参众矢公，而圣谕严切，臣等无状，宜罢。"上不问。南京总督粮储尚书王基以拾遗自辩，上特留之。

夏四月，刑科给事中钱梦皋复论楚事，请削前侍郎郭正域籍，弁言左都御史温纯党庇工科给事中钟兆斗例转，亦诬奏纯，纯乞休。大理少卿徐宗濬、吏科都给事中侯庆远、御史孔贞一等皆论梦皋违禁妄辩，吏部左侍郎杨时乔亦言之。俱不报。正月，候补职方郎中刘元珍劾沈一贯遍置私人，蒙上钳下；钱梦皋妄奏求容，士林不齿。一贯、梦皋皆疏辩，梦皋谓元珍为温纯鹰犬，降一级，调极边。

六月，吏部员外郎贺灿然言，被察科道与温纯皆当去。南京吏科给事中陈良训，御史萧如松、朱吾弼，各论王基、钱梦皋、钟兆斗必不可留。沈一贯结近侍，阳施阴设。秋七月，兵部主事庞时雍直攻沈一贯欺罔误国。于是太子少保、都察院左都御史温纯致仕，钱梦皋、钟兆斗各避疾，京察始得奏。寻谪贺灿然、庞时雍，夺朱吾弼俸，拾遗南京户部尚书王基免。时有布衣在一贯坐，梦皋戏之曰："昔之山人，山中之人；今之山人，山外之人。"布衣应声曰："昔之给事，给黄门事；今之给事，给相门事。"识者嗺之。

三十四年夏六月，史科给事中陈良训、御史孙居相劾沈一贯奸贪。大学士沈一贯、沈鲤并致仕。一贯连岁乞休，疏八十上，始允。鲤居位四载，尝列"天戒民穷十事"，书之于牌，每入阁，则拜祝之。或谗鲤为诅咒，上命取观之，曰："此非诅咒语也。"妖书事起，危甚，赖上知其心，得无恙。及放归，得旨不如一贯之优，各赐金币，鲤半之。出都日，犹有谗其衣红袍阅边者，中官陈矩为解乃已。孙居相夺岁俸，陈良训镌三级，调外。

三十五年五月，以礼部左侍郎李廷机、南京礼部右侍郎叶向高为礼部尚书兼东阁大学士，直文渊阁；又谕朱赓召旧辅王锡爵。时顾宪成移书向高，言："近日辅相以模棱为工，贤否溷淆。"引张禹、胡广为戒。廷机故出沈一贯门，人多疑之，给事中王元翰、胡忻、曹于汴、宋一韩，御史陈宗契等交章劾廷机。廷机故清介，

而攻之者诋为赍金奥援，御史叶永盛极辩之，廷机伏阙
辞，不允，上下旨切责元翰等。

秋七月，总督漕运李三才请补大僚、选利道、用废
弃。其论废弃曰："诸臣只以议论意见一触当路，永弃
不收，总之于皇上无忤。今乃假主威以锢诸臣，又借忤
主之名以饰主过，负国负君，莫此为甚！"参政姜士
昌赍表入京，奏别遗奸，录遗逸。遗奸指王锡爵、沈
一贯、朱赓。又曰："古今称廉相，必称唐杨绾、杜黄
裳，然二贤皆推贤好士，惟恐不及。而王安石用之驱逐
诸贤，竟以祸宋。"时李廷机有清名，故士昌规及之。
赓、廷机上疏辩，降士昌广西佥事。御史宋焘论救，谪
平安州判，加谪士昌兴安典史。

三十六年五月，礼部主事郑振先劾辅臣朱赓、李廷
机大罪十有二，指一贯、赓、廷机为过去、现在、未来三
身，布置接受，从风而靡。上以其诬诋，谪普安州判。

九月，先是，王锡爵辞召，手疏言："皇上于章奏一
概留中，特鄙弃之如禽鸟之音，不以入耳，然下以此愈
嚣。臣谓君父至尊，必自立于无过之地。请幡然降旨，
尽除关税，召还内差，散内库之有余，济边储之不足。
天下必欢呼踊跃，以颂圣德。留中章疏亦自有缓急，如
推补九卿以吏部、都察院为先，庶官以科道为急。科道
考选久停，与其故裁抑，留不肖以塞贤者之途，孰若稍
疏通，简新进以决旧日之壅。此今日揽权上策也。"时

疏甚密，而都御史李三才钩得之，泄言于众，谓锡爵以台者为禽兽。于是南京户科给事中段然首论锡爵与朱赓密揭擅权乱政，不报。

起孙丕扬太子少保、吏部尚书。十月壬戌，起吏部文选郎中顾宪成为南京光禄少卿，辞不至。丙寅，工科给事中何士晋劾锦衣卫左都督王之桢为辅臣爪牙心腹，极宜显斥。礼科给事中张凤彩，刑科给事中萧近高，给事中张国儒交章纠王锡爵、朱赓，国儒言台省五十余人共纠朱赓奸状，而尚书赵世卿曲媚之。俱不报。十一月壬子，朱赓卒于官。赓性淳谨，同乡沈一贯当国，善调护，故妖书、楚狱，其祸不蔓。赓卒，廷机当首揆，言路益攻之。廷机决计不出，叶向高独相，而攻廷机者未已也。遂移居演象所之真武庙，乞放。凡五年，至万历四十年始得请，寒暑闭门，无履迹。

三十七年春二月丙寅，御史郑继芳劾工科右给事中王元翰贪婪不法，元翰亦奏辩继芳为王锡爵、申时行吐气。初，给事中王绍徽善汤宾尹，营入阁甚急，尝语元翰曰："公语言妙天下，即一札扬汤君，汤君且为公死，世间如汤君可恃也。"元翰辞焉，绍徽衔之，因嗾继芳摭元翰。

夏四月，吏科纠擅去诸臣。初，工科给事中孙善继拜疏竟去，刘道隆继之，王元翰、顾天埈、李腾芳、陈治则各先后去，命削善继籍，道隆等各降秩。时南北科道互相攻讦，至不可问。

户科给事刘文炳请召邹元标，不报。十二月乙丑，工部主事邵辅忠论总督漕运李三才结党遍天下，前图枚卜，今图总宪，四岳荐鲧，汉臣谀莽，天下之大可忧也。时三才需次内台，辅忠首劾之，继以御史徐兆魁；三才奏辩，工科给事中马从龙，御史董兆舒、彭端吾，南京工科给事中金在衡交章为三才辩，俱不报。三才负才名，初为山东藩臬有声，民歌思之。抚淮十年，方税珰横甚，独能捕其爪牙，以尺棰毙大盗。三才多取多与，收采物情，用财如流水。顾宪成之左右誉言日至，宪成信之，亦为游扬。三才尝宴宪成，止蔬三四色，厥明，盛陈百味。宪成讶而问之，三才曰："此偶然耳！昨偶乏，即寥寥；今偶有，故罗列。"宪成以此不疑其绮靡。至是挟纵横之术与言者为难，公论绌之。

三十八年五月壬子，吏部主事王三善乞勘李三才，不报。前吏部郎中顾宪成遗书叶向高，谓："三才至廉至淡漠，勤学力行，为古醇儒，当行勘以服诸臣心。"时给事中金士衡、段然力保三才，给事中刘时俊、兵部郎中钱寀争之，纷如聚讼。

三十九年二月戊子，总督漕运李三才免。三月，吏部尚书孙丕扬纠御史金明时倡言要挟逃察，命下都察院议处。初，明时巡关，劾宝坻知县王淑沜，吏部右侍郎王图子也。及临京察，知不免，遂先发攻王图，御史史记事论之，明时奏辩。主事秦聚奎言："明时论王图在去年十二月，丕扬论明时在今先考察一日，而卒之明时挠察之疏，杳于无闻，大臣结党欺君，天下大势趋附秦人，今之丕扬，非复昔之丕扬矣！"于是吏科都给事中曹于汴、御史汤兆京、乔允升俱以挠察论聚奎，丕扬奏参聚奎，并以汤宾尹等七人访单送内阁，阁臣叶向高疏如丕扬指，金明时以不谨免，寻以辩疏犯御讳削籍。四月庚辰，计疏下，命秦聚奎闲住，南京国子监祭酒汤宾尹，郎中张嘉言，主事徐大化，御史刘国缙、王绍徽、乔应甲、岳元声降调有差。

五月，给事中朱一桂、御史徐兆魁疏称："顾宪成讲学东林，遥执朝政，结淮抚李三才，倾动一时，孙丕扬、汤兆京、丁元荐角胜附和，京察尽归党人。"不报。翰林院修撰韩敬疾去，敬先师事汤宾尹，在礼闱越房拔为第一。敬有时名而好纵横之学，恣色货之好，时攻宾尹，因及敬。

四十年二月癸未，吏部尚书孙丕扬挂冠出都。

四十一年二月辛丑，御史刘廷元劾光禄寺少卿于玉立依附东林，风波翻覆，宜显斥。不报。十月，礼科给事中亓诗教言："今日之争，始于门户，门户始于东林，东林倡于顾宪成，刑部郎中于玉立附焉。宪成自贤，玉立自奸，贤奸各还其人，而奔竞招摇，羽翼置之言路，爪牙列在诸曹，关通大内，操纵朝权。顾宪成而在，宁愿见之哉？”末刺及叶向高，向高奏辩。

四十二年八月癸卯，大学士叶向高致仕。十一月，御史刘廷元参李三才占厂盗皇木，结交内侍起官，御史刘光复、给事中官应震等交章论之。命给事中吴亮嗣往勘，亮嗣报其实。下三才舍人于理，三才寻削籍。

四十五年三月京察，革刑部主事王之寀职为民，窦子偁、陆大受皆被斥。时叶向高既去，方从哲独相，庸庸无所短长。吏部尚书郑继之主察，徐绍吉、韩浚佐之。之寀初争梃击，为韩浚所纠，部处坐以贪污。子偁、大受有清操，持论与之寀合，亦被逐。时上于奏疏俱留中，无所处分；惟言路一纠，其人自罢去，不待旨也。于是台省之势积重不返，有齐、楚、浙三方鼎峙之名：齐为亓诗教、韩浚、周永春；楚为官应震、吴亮嗣；浙为刘廷元、姚宗文，势张甚，汤宾尹辈阴为之主。宾尹负才名而淫污，辛亥京察被斥，至是察典竣，韩浚以问乡人给事中张华东，华东曰：“王之寀论甚正，何为重处之？”浚惊愕不语。

四十六年十二月，主事邹之麟夺职闲住。之麟负才名，附给事中亓诗教、韩浚，求转吏部不得，遂讦奏诗教、浚。又擅离任，被斥。

四十七年十二月，会推阁员：礼部左侍郎何宗彦以吏科给事中张延登不署名，不得预，御史薛敷教、萧毅中、左光斗、李徵仪、倪应春、彭际遇、张新诏等交章惜之。而礼科都给事中亓诗教、兵科薛凤翔又屡驳，具如延登指，各归责于辅臣方从哲，从哲奏辩。俱不报。

先是，国本之论起，庙堂益相水火，上颇厌恶之，斥逐相继，持论者愈坚，乃一切置之高阁。方从哲独相七年，上喜其无能而安之。山东赵焕为冢宰，诗教又从哲门人，故其势尤张。已而邹之麟倡言：张凤翔为选君，必以年例处姚宗文、刘廷元，齐、浙遂离。之麟既被黜，其友夏嘉遇、魏光国、尹嘉宾、钟惺皆有才名，俱改用。而嘉遇素洁清，亦与众共摈。赵兴邦为兵垣，仍入礼闱，之麟、嘉遇遂纠之，并及诗教。言路合疏纠嘉遇，兴邦遽升京卿。御史唐世济助嘉遇攻兴邦，而亓、赵之势衰。时廷议所喧持者唯禁道学一事，吏治边防，俱置不理。

泰昌元年，即万历四十八年也。八月己酉，起邹元标为大理寺卿，科臣惠世扬上言："君子小人之进退，关系国家之治乱，然小人不退，则君子不进。"吏部尚书周嘉谟奏列建言得罪诸臣王德完等三十三人，于是王德完、孟养浩、钟羽正、满朝荐等悉起部寺诸官。壬戌，以侍读学士刘一燝、韩爌为礼部尚书兼东阁大学士，直文渊阁。仍谕内阁，特召旧辅叶向高。初，光宗践祚，逾月崩，未及用向高等。熹宗既即位，乃遣行人征之。

十一月，给事中惠世扬遇灾陈言，因参大学士孙如游荐高攀龙、刘宗周、孙居相、刘策、王之寀、陆大受等。十二月，大学士方从哲致仕。从哲以红丸、移宫二案，台省交章论之，至是归。

天启元年春正月，兵科给事中杨涟予告回籍。涟以移宫一案，御史贾继春侵之，涟因乞归。御史马逢皋上言："杨涟何罪？无罪即功，功在安社稷，罪在攻大珰。罪珰未诛，而发珰罪者先作楚囚之悲。君子退则小人进矣！"

二月，御史周宗建上言："国家之治乱，由于议论之公私。皇祖戊申以后，沈一贯未败之时，在朝者岂无君子？而一杂以小人，则沈鲤可逐，郭正域可芟，察典可坏，大狱可兴。时则有钱梦皋、孙丕扬为之首。庚戌、辛亥之交，在朝者岂无君子？而一杂以小人，则大贪之淮抚可保，极险之铨佐可阿，直节可摧，清流可放。时则有史记事、徐缙芳等为之首。壬子、癸丑之交，在朝者岂无君子？而一杂以小人，则学差可挨，考选可排。吏兵之诸事，可日试以为尝；考察之把持，可一网以无阱。时则有亓诗教、赵兴邦为之首，有如今日三咨并下，君子进庸矣。而臣窃为先事之虑者，以用人言之：如所引董应举、高攀龙、史孟麟、李邦华、熊明遇、魏云中等二十余人，类皆磊落奇才，如必借此相引，积横之贪邪，亦思梯架于月旦；穷凶之丑类，尚留春梦于余灰。将朝廷大公之盛举，翻作臣下市德之私缘。臣之所谓不得不虑也。以移宫言之：如方震孺、毛士龙等十有余章，阐发既明，在科臣杨涟洁志远嫌，不难听召用于他日；台臣贾继春质心爱主，何妨付定论于国人！若复侈谈羽翼，追忆几筵，欲扫疑端，愈增滋蔓。又臣之所谓不得不虑也。臣请约言之：铨除在真品，毋容夹杂以同升；朝论在舆评，毋轻出言以佐斗。国家要以边事为首务，毋自起室内之戈！今日终以君德为大本，毋徒为将顺之节！"

三月，起刘宗周礼部主事，王之寀刑部主事，高攀龙光禄寺丞。八月，给奉圣夫人客氏地，以陵工成，命叙录魏进忠，御史王心一、马鸣起，吏科给事侯震旸、倪思辉、朱钦相等先后纠之，降调有差。

二年春正月，起吏部郎中赵南星为太常寺卿。三月，礼科惠世扬疏参辅臣沈㴶借募兵之名，为护身之术，阴使其党晏日华潜入大内，诱刘朝等练兵，再见江彬之事；外戚郑养性厚募死士，有违祖制。不听。御史侯震旸亦以劾㴶调外。六月，刑部尚书王纪奏劾"辅臣沈㴶巧能移人主之视听，力足倒天下之是非，交结权党，诛锄臣士，黄台瓜词已赋，同文馆狱将兴"。又曰："臣指其蔡京，而㴶不肯受，试取惠世扬、周朝瑞、魏大中、董羽宸等疏一一读之，则京之为京，隐括于此矣！"上以烦言责之。㴶寻予告回籍，纪革职为民。

八月，以杨涟为太常寺少卿。兵科给事朱童蒙疏劾都御史邹元标、副都御史周从吾建坛讲学、醵金立院之非。标等上疏自理，上优诏答之。工科给事郭与治复劾，内有"比拟妖贼"诸语。上责其狂悖，夺俸。于是元标、从吾五疏乞休，元标即移家出城，遂予告驰驿去。翰林修撰文震孟上言勤政讲学之实，留中；庶吉士郑鄤疏促之，俱降调。太仆少卿满朝荐上言："国事颠倒，成于陛下者什之一二，成于当事大臣者十之八九。"疏入，除籍为民。十一月，以赵南星为都察院左都御史。十二月，以顾秉谦、魏广微为大学士，入阁办事。

三年二月，夺御史周宗建俸。南京御史徐世业劾宗建保举熊廷弼。宗建疏辩，词连郭巩，有"结交宫闱，献媚进忠"之语，中旨切责。冬十月，以杨涟为右佥都御史，协理院事。

四年二月，推南京吏部尚书邹元标，中旨以衰老罢之。夏四月，吏部尚书赵南星上言："吏部四司，惟稽勋司一人，余司皆二人，以稽勋事寡也。然今日之稽勋皆储为文选、考功之用，宜就近推补司官，不拘资格，一省不妨二人。"引陆光祖调吏部，吕坤、黄克念等同邑同司之例为言。上从之。于是南星调职方司郎中邹维琏为稽勋，主外察。维琏与原任主事吴羽文皆江西人，羽文遂拘旧事求去，维琏亦不敢履任。刑科傅櫆疏侵

057

之，羽文求去益坚，维琏亦上疏力辞。

櫆复疏以金都御史左光斗、吏科都给事魏大中交通故内监王安、中书汪文言。诏下文言于狱，严讯之。光斗上疏自理，大略谓："櫆之意，不利于稽勋有邹维琏，铨司有程国祥，吏垣有魏大中，故欲一网去之。"且指其冒东厂理刑傅继教为兄弟，布置窟穴。大中亦上疏辩。得旨：命大中赴任供职。御史袁化中、给事中甄淑相继为光斗辩。大学士叶向高乞骸骨疏曰："臣十八疏乞归，皇上谓时艰主忧，臣即去何安？顾臣罪戾多矣，即如科臣傅櫆所论汪文言，实臣具题。左光斗、魏大中之善文言尚属暧昧，而臣之用文言，则事迹甚明。臣取罪之故当听公论，不敢妄辩，以滋纷纭。耿耿愚忠，窃谓言官之讦奏，衅不可开；驾帖之拿人，渐不可长。惟皇上罪臣一人而稍宽其他，于以释宫府之嫌，消缙绅之祸。"上慰谕留之。已而大中既莅任，复传旨诘责大中："櫆情事未明，何得赴任？"櫆乃上言明旨不宜二三，中旨恐开旁窃，纠近臣以自解。

七月，大学士叶向高予告回籍。向高再入相，政移忠贤，同事者更希意阿旨，向高动即掣肘，杨涟二十四罪疏上，忠贤恨刺骨。御史林汝翥忤珰，群珰围向高第索之。向高知时不可为，发愤决去，疏三十三上，后得请。

左都御史高攀龙纠劾贪污御史崔呈秀落职回籍。呈秀巡按淮阳，有狼藉声，吏科都给事魏大中发其馈遗，攀龙因考察劾罢之。已而呈秀以魏珰义子起用。

冬十月朔，有事太庙，辅臣魏广微不至，魏大中纠其无礼，指称惟奢安不拜正朔。广微深衔之，上疏自辩。御史李应升复疏纠之，谓广微不可见乃父于地下。广微见疏恚甚。广微父，魏允贞也，尝为谏官，得罪阁臣去。

降吏科都给事魏大中、吏部员外夏嘉遇、御史陈九畴三级，调外。吏部尚书赵南星、左都御史高攀龙乞罢，许之。给事中沈惟炳疏救不允，亦调外。时推山西巡抚，南星以太常卿谢应祥沉静有为，欲以处之，言于员外夏嘉遇。嘉遇述其意于湖南道御史袁化中，化中深然之。及化中途逢大中，告以故，先是，应祥令嘉善，大中知其才守，遂会推焉。陈九畴有私恨，遂言应祥昏耄，大中以门墙私之，互相奏辩。有旨会勘，吏部坐台臣论人失实上，中旨以朋比切责之，降大中等。于是南星、攀龙皆引罪去，大学士韩爌力救，不听，引疾归。已而，刑部尚书乔允升，吏部侍郎陈于庭，都御史杨涟、左光斗，太常卿谢应祥，部属张光前、邹维琏，科道袁化中、许誉卿等，一时尽黜，部署皆空。户科给事中陶崇道上言："诸臣各执成见，不无异同，尤望皇上尽入陶镕，化其畛域。而天语频烦，责以朋比，彼此之互异既彰，水火之情形立见。虞廷黜陟，不过贤奸，唐宋末流，可为殷鉴。"疏入，降调。

十二月，起徐兆魁为吏部左侍郎，朱童蒙、郭允厚、李春煜太仆寺少卿，徐大化、吕云鹏、孙杰大理寺寺丞，霍维华、郭与治、杨维垣等皆科道。以御史梁梦环追论，复逮汪文言，自是罗织靡已，杨涟、魏大中相继毙于狱。御史李蕃疏劾辅臣朱国桢，时韩爌既去，魏广微未得为首辅，嗾蕃劾之。

五年秋八月，御史张讷请废天下书院。杀熊廷弼。初，杨、左事起，以移宫为案，但属杨、左，与顾大章等无与也。已复改为封疆，周朝瑞曾疏荐廷弼，而顾大章与杨维垣相疏辩，与杨、左又无与也。乃以封疆牵入移宫，于是一网尽矣！

七年八月，上崩，无嗣，遗命以信王入继大统。诛魏忠贤、客氏，其党相继伏法。冬十月，吏科都给事中陈尔翼上言："东林余孽遍布长安，每欲因事起衅，忧不在小，乞敕下厂卫严缉禁之。"上曰："群臣流品，先帝澄汰已分。朕初御极，嘉与士大夫臻平康之理，毋事揣摩形影，以滋争竞！"十一月，户部员外王守履劾崔呈秀，荐旧辅韩爌，上以韩爌清忠有执，下所司知之。

崇祯元年春正月，翰林院编修倪元璐上言："臣入都，邸抄凡攻崔、魏者，必引东林为并案，一则曰'邪党'，再则曰'邪党'，夫崔、魏而既'邪党'矣，向之劾忠贤、论呈秀者，又邪党乎？虚中言之，东林则亦天下之才薮也，其所宗主者，大都秉清挺之标，而或绳人过刻；树高明之帜，而或持论太深。此之谓非中行则可，谓之非狂狷则不可。且天下之议论，宁涉假借而必不可不归于名义；士人之行己，宁任矫激而必不可不准诸廉隅。自以假借矫激深咎前人，而彪虎之徒公然毁裂廉隅，背叛名教矣！连篇颂德，匝地生祠。夫颂德不已，必将劝进；生祠不已，必且嵩呼。而人犹宽之曰：‘无可奈何！’嗟乎，充一无可奈何之心，又将何所不至哉？议者能以忠厚之心曲厚此辈，而独持已甚之论苛责吾徒，亦所谓悖理者矣！今大狱之后，汤火仅存，恩纶酌用，乃任事诸臣犹以‘道学封疆’四字持为铁案，深防报复。臣窃以为过计也。水落石出，正人相见，既属崔、魏之异己，即可化牛、李为同心。况年来借东林以媚崔、魏者，其人自败，不须东林报复；若其不附崔、魏，又能攻而去之者，其人既已乔岳矣，虽百东林，乌能报复哉？臣所谓方隅未化也。”与杨维垣互出疏相往复，上是其言。时元璐屡言事，大学士来宗道常曰：“渠何事多言？吾词林故事，惟香茗耳！”时谓宗道“清客宰相”。

五月，御史袁弘勋劾大学士刘鸿训：“一入黄扉，扬扬自得，浃旬之间，革职闲住无虚日。其最可异者，杨所修、贾继春、杨维垣夹攻表里之奸，有功无罪，而诛锄禁锢，自三臣始。且军国大事未暇平章，惟亟毁

《要典》，谓水火玄黄，是书为祟。今毁矣，水火玄黄息耶？战耶？未毁以前，崔、魏借之以空善类；既毁以后，鸿训又借之以殛忠良。以暴易暴，长此安穷？"镇抚司金书张道濬亦讦攻鸿训，工科给事中颜继祖争之，且言道濬出位乱政，非重创不止。御史史薱、高捷相继弹鸿训，鸿训寻以事罢归。

十一月庚申，会推阁员吏部侍郎成基命、礼部侍郎钱谦益等。礼部尚书温体仁讦谦益天启初主试浙江，贿中钱千秋，不宜枚卜。上召廷臣及体仁、谦益于文华殿质辩良久，上曰："体仁所参神奸结党，谁也？"曰："谦益党与甚众，臣不敢尽言。即枚卜之典，俱自谦益主持。"吏部给事中章允儒曰："体仁资浅望轻，如纠谦益，欲自先于枚卜也！"体仁曰："前犹冷局，今枚卜相事大，不得不为皇上慎用人耳！"允儒曰："朋党之说，小人以陷君子，先朝可鉴。"上叱之，下锦衣卫狱，削籍。礼部以钱千秋试卷呈，上责谦益，引罪而出，旋回籍，除名为民；下千秋于刑部。周延儒曰："自来会推会议皆故事，仅一二人主持，余无所言，即言出而祸随之矣！"上大称善，遂停枚卜，卒用延儒。延儒力援体仁，明年亦入政府。初，延儒以召对称旨，至是枚卜，谦益必欲得之，而虑以延儒同推，势必用延儒，遂力扼止之。不知上果意在延儒，不推，适滋上疑耳！于是党同之疑中于上者深，体仁发难而延儒助之，谦益不知也。忽蒙召对，谦益自为枚卜定于此日，及入见，方知有体仁疏。体仁与谦益廷辩，体仁言如涌泉，而谦益出不意，颇屈。

二年春正月，定逆案，召廷臣于文华殿。先是，御史毛九华劾礼部尚书温体仁有媚珰诗刊本，上问体仁，体仁谓出自钱谦益手。御史任赞化参体仁疏，其语亵，上不怿，谪赞化于外。御史吴甡言："因温体仁前削章允儒，降房可壮、瞿式耜，今又斥任赞化，班行无色，乞召还言官。"不听。

三年五月，左谕德文震孟上言："吕纯如罗织诸贤，今籍奥援，思借边才起用，吏部尚书王永光假窃威柄，年例变乱祖制，考选摈斥清才。"疏入，命指实具奏。永光有清执，东林以其异己，给事中张国维、御史毛羽健等交劾之，俱不问。至是震孟再纠之。

四年春正月，翰林院编修黄道周疏救钱龙锡，调外。初，定魏、崔逆案，辅臣钱龙锡主之。袁崇焕之狱，御史史𡐗力谋借崇焕以报龙锡，因龙锡以罗及诸臣，周延儒、温体仁主之，欲发自兵部，而尚书梁廷栋不敢任；又上英察，不能遽起大狱也。道周疏上，延儒意稍解，时大学士韩爌亦被劾归。二月，给事中葛应斗纠御史袁弘勋、锦衣卫都督同知张道濬通赇窃权，命下理。弘勋受参将胡宗明、主事赵建极贿，嘱于兵部尚书梁廷栋、吏部尚书王永光。弘勋、道濬皆永光所任也，俱论戍。刑科给事中吴执御论永光诲贪崇墨，永光罢。

五月，释故大学士钱龙锡狱，戍定海卫。龙锡出狱，周延儒即过之，极言上怒甚，挽回殊难，龙锡深德之。未几，温体仁至，龙锡因述延儒语，体仁曰："上固不甚怒也。"于是闻者谓体仁质直，而延儒伪；亦体仁之巧于挤延儒也。嘉善钱士升为龙锡门生，闻体仁语颇多之，而轻延儒，体仁遂与相结。

五年春正月，刑科给事中吴执御奏荐黄克缵、刘宗周等，御史吴彦芳奏荐李瑾、李邦华等。上以其朋比悉之，下彦芳、执御于理，坐上书不以实律，杖为城旦。

六年三月，刑科都给事陈赞化劾大学士周延儒："招权纳贿，游客李元功借势威人。延儒尝语去辅李标事云：'上先允放，余封还原疏，上即改留，颇有回天之力，今上羲皇上人也。'此是何语？岂徒小人之轻泄乎？至指借停刑以罔贿利，此固通国所共闻也。"且引刑科给事李世祺为证，世祺亦奏延儒有此言。不问。户科给事中朱文焕亦劾延儒重荷国恩，毫无补救。六月，大学士周延儒罢。始温体仁与延儒深相结纳，延儒力援之以进，至是体仁将夺其位，太监王坤疏攻延儒，体仁无一语相助。于是陈赞化屡纠延儒，即"羲皇上人"一语穷究不已。体仁知上意，凡与延儒为难者必阴助之，而助延儒者皆黜，延儒放归。

七年三月，召大学士何如宠入朝，在道屡引疾，不许。刑科给事中黄绍杰奏言："从来君子小人不能并立，如宠徘徊瞻顾，则次辅温体仁当知所自处矣！自体仁为相，水旱洊臻，盗贼满路，爕理固如是乎？秉政既久，窥旨必熟，中外诸臣承奉其意，用一人则曰：'此与体仁不合也。'行一事则曰：'此体仁所不乐也。'凡此皆召变之由。乞命体仁引咎辞位，以回天心，慰民望。"上责其率妄，调外。

八月甲戌，召廷臣于平台，问谁堪冢宰、总宪者，令各给条对。吏部左侍郎张捷曰："臣之所举与众不同。"上许之。勋戚在殿西室，文臣在殿东室，捷彷徨四顾，大学士王应熊目属之，诸臣觉其异。及问所荐，则前兵部吕纯如也。时诸臣或举郑三俊，勋戚亦如之；或举唐世济，捷曰："总宪世济可，冢宰非纯如不可。"俄入奏，力言纯如之长。诸臣以纯如列逆案，不可，刑科给事中姜应甲言之尤力，捷失色。上问温体仁，对曰："谢升可。"上是之。应熊故善用延儒，而纯如又与延儒善者，故体仁阴持之。给事中范淑泰、吴其来交章劾王应熊、张捷同谋党附，计翻逆案。乙亥，召南京吏部尚书谢升为吏部尚书，以唐世济为左都御史。

八年夏六月，刑部主事吴江，给事中何楷、宋学显，御史张缵曾各劾大学士温体仁，并及王应熊。初，流盗陷中都，巡抚杨一鹏、巡按吴振缨被劾，而振缨体仁乡人，曲庇之。时何吾驺亦与应熊不合，钱士升力剂其间，得解。秋七月，进少詹事文震孟为礼部左侍郎兼东阁大学士。震孟讲《春秋》称旨，既而以疾告，不允。温体仁语之曰："行相君矣，何避也？"至是出特简，入政府。

十一月，大学士何吾驺、文震孟罢。初，吾驺、震孟在直，欲以工科给事许誉卿补南京太常卿，温体仁与吏部尚书谢升难之，升遂疏纠誉卿。震孟自恃特简，于体仁无所依附，尝与体仁论庶吉士郑鄤当迁除，大拂体仁意。至是，票升疏止欲夺誉卿俸，体仁不肯，震孟作色掷笔曰："即削籍无害！"体仁夕揭上，而吾驺、震孟朝罢矣。誉卿击珰有直声，沉沦谏垣，十年不调，至是削籍。震孟有时望，入相仅三月，而龃龉同官，不竟其用。逮庶吉士郑鄤。鄤继母，大学士吴宗达女弟也，鄤薄于宗达，宗达尝揭其杖母奸妹。震孟既忤体仁，体仁并恨郑鄤，即以宗达所揭入告下狱。

九年二月，吏部尚书谢升疏救陈子壮，不听。先是，子壮以论宗秩事，下狱。巡按苏松常镇御史王一鹏奏荐周延儒等，以滥及废籍责之。夏四月，大学士钱士升罢。初，温体仁深结士升，其入相也，体仁凡有所为，必力推之。如用冢宰谢升、总宪唐世济，皆体仁意而士升成之。体仁逐文震孟，颇引士升为主，士升亦助体仁。至是，体仁并欲去士升。因福建右卫经历吴鲲化讦奏士升弟士晋，即拟严旨，仍嘱林釬毋泄言，欲借弟以逐其兄也。士升遂引归。五月，逮滋阳知县成德下锦衣狱。德性刚激，出前大学士文震孟之门，至是，连章攻温体仁，凡十上，尽发其奸状。母张氏伺体仁舆出，辄道诉之。德移狱刑部，戍延绥。秋七月，国子祭酒倪元璐免。元璐与同邑左庶子丁进不合，嗾诚意伯刘孔昭讦奏也。十一月，下左都御史唐世济于狱。世济以边才荐故兵部尚书霍维华，上谓维华逆案，世济蒙蔽，下刑部狱。明年正月，霍维华戍殁。

十年春正月，常熟章从儒讦奏前礼部右侍郎钱谦益、科臣瞿式耜。疏上，温体仁修郄逮之，下刑部狱，几殆。谦益尝作故太监王安祠记，曹化淳出王安门，愤其冤，发从儒阴谋，立枷死。谦益等寻得释。二月，逮巡按山西御史张孙振。初，提学佥事袁继咸守官奉公，自书卷外无长物，孙振贪秽不职，诬奏之，贡士卫周祚等讼其冤，命并孙振逮讯。

三月，陆文声陈风俗之弊皆原于士子，太仓庶吉士张溥、前临川知县张采倡复社以乱天下。命南直提学御史倪元洪核奏，元洪因极言文声之妄，上责其蒙饰，降光禄寺录事。溥、采为古学以相砥砺，天下靡然乡风，不为政府所悦，故朝论多苛及之。时苏州推官周之夔亦讦奏溥等树党挟持。

夏四月，兵科给事中宋学显、贵州道御史张盛美俱例转湖广、河南参议，抚宁侯朱国弼劾温体仁私左都御史唐世济，逐学显、盛美。上不听。又劾体仁受霍维华赂，令唐世济发端。上慰谕体仁，夺国弼侯爵。世济亦戍边。六月，大学士温体仁引疾免，赐金币，遣行人吴本泰护归。体仁在事，诸臣攻者无虚日，体仁与举朝为仇，其庇私党，排异己，未尝有迹，但因事图之，使若发自上者，而主柄阴为所假，上竟不之疑。八月，以薛国观为礼部左侍郎兼东阁大学士。

十月，定东宫官属，右谕德项煜、编修杨廷麟让左谕德黄道周。阁臣以道周意见偏，上疏有"不如郑鄤"之语，寝之。刑科给事中冯元飙言："道周忠足以动圣鉴，而不能得执政之心，恐天下后世有以议阁臣之得失也。"不听。已而道周疏劾杨嗣昌夺情，谪外。

十一年八月，南京户科给事张焜芳论前巡盐两淮御史史𡐫侵帑三十余万，命逮𡐫下刑部。先是，巡盐御史张锡命忧去，遗课二十一万，𡐫摄事，尽入其家。检讨杨士聪攻之，𡐫诿橐锡命。时锡命卒，子沆奏辩，大学士钱士升拟旨罪𡐫，王应熊曰："史太仆大有才，未易撄也。"拟上，上果不听。至是𡐫复奏辩，又发张焜芳朋党状，焜芳夺官。

十二年六月，以左懋第、袁恺、阴润、蔺刚中、范士髦为给事中，詹时雨、李近右、汪承诏、张绪论、杨四重为试监察御史，吴昌时等并各部主事。昌时首选吏部，疏上，上自手定先后，示不测，昌时谓薛国观所为，恨之。八月，故庶吉士郑鄤磔于市。先是，中书舍人许曦讦奏鄤不孝渎伦，与温体仁疏合，法司定罪拟辟，上命加等。鄤初选庶吉士，有直谏声，文震孟、黄道周皆与之游。当时欲借鄤以倾震孟、道周，谳驳逾重，而鄤居乡多不法，遂罹惨祸。

十三年夏四月，巡抚江西右佥都御史解学龙荐举布政司都事黄道周。上以道周党邪乱政，学龙徇私，俱逮下理，廷杖论戍。户部主事叶廷秀请宽之，并杖削籍。监生涂仲吉上言："黄道周通籍二十载，半居坟庐，稽古著书，一生学力，止知君亲。虽言尝过戆，而志实忠纯，今喘息仅存，犹读书不倦。此臣不为道周惜，而为皇上天下万世惜也。昔唐太宗恨魏徵之面折，至欲杀而终不果；汉武帝恶汲黯之直谏，虽远出而实优容。皇上欲远法尧舜，奈何出汉唐主下？断不宜以党人轻议学行才品之臣也！"通政司格之不上。仲吉并劾通政使施邦曜遏抑言路，再救道周。上怒，下狱杖之，论戍。

六月，大学士薛国观免。初，国观以温体仁援，得入阁，同官六人皆罢，独国观秉政至首辅，上颇向用之。至是，因拟谕失旨，下五府九卿议处，致仕。刑科给事中袁恺再疏劾之，言国观纳贿有据，并及尚书傅永淳、侍郎蔡弈琛等，遂下镇抚司讯。初，上召国观，语及朝士娄贿，对曰："使厂卫得人，朝士何敢黩货？"

东厂太监王化民在侧，汗出浃背，于是专侦其阴事，以及于败。国观既削籍，吏部尚书傅永淳、南京吏部尚书朱继祚并免；下左副都御史叶有声于狱，以通贿国观也。时株连颇众。十二月，国观奏辩，不听，命入京即讯。

十四年春正月，故大学士薛国观奏辩刑科给事中袁恺诬劾出于礼部主事吴昌时之意，上不听。夏四月，召前大学士周延儒、张至发、贺逢圣入朝。至发辞不出，逢圣不久以病归。初，延儒既罢，丹阳监生贺顺、虞城侯氏共敛金属太监曹化淳等营复相，至是得召用，主事吴昌时之力居多，延儒德之。

六月，故刑部右侍郎蔡弈琛在系上言：“去夏六月，同邑诸生倪襄赘于庶吉士张溥之门，归语知县丁煌，夸溥大力，可立致人祸福，因言及臣旦夕必逮。未几，而王陛彦果劾臣矣！一里居庶常，结党招权，阴握黜陟之柄，岂不异哉？”上令丁煌指证，下倪襄于狱，既而弈琛亦劾张溥，并及故礼部侍郎钱谦益。

八月辛亥，故大学士薛国观赐死，诛中书舍人王陛彦，各籍其家。初，国观以王陛彦通赂免官，命伺其邸，则王陛彦至，执下狱。陛彦为吴昌时甥，临刑呼曰：“此舅氏所作，我若有言，即累名教矣！”时国观事发于东厂，金云昌时实启其机。

十二月甲子，戍黄道周、解学龙。初，刑部尚书刘泽深拟道周瘴戍，再奏不允，因上言："道周之罪，前两疏已严矣，至此惟有论死。死生之际，臣不敢不慎也。自来论死诸臣，非封疆则贪酷，未有以建言诛者。今以此加道周，道周无封疆贪酷之失，而有建言蒙戮之名，于道周得矣，非我皇上覆载之量也！且皇上所疑者党耳，党者见诸行事，道周具疏空言，一二臣工始未尝不相与也。今且短之，继而斥之，乌有所谓党，而烦朝廷之大法耶？去年行刑时，忽奉旨停免，今皇上岂有积恨于道周？万一转圜动念，而臣已论定，噬脐何及？敢仍以原拟上。"上从之。

十五年夏四月，宥马士英，起兵部左侍郎兼右佥都御史，提督凤阳。士英初抚宣大，以总监王坤论罪，至是，故太常少卿阮大铖为营救，得起用。八月，召还黄道周，仍任少詹事。时周延儒承上眷最深，凡上怒莫能回，延儒能谈言微中。先是，道周在狱，人谓必不可救，延儒以微词解之，得减放。至是，上偶言及岳飞事，叹曰："安得将如岳飞者而用之！"延儒曰："岳飞自是名将，然其破金人事，史或多溢辞。即如黄道周之为人，传之史册，不免曰：'其不用也，天下惜之！'"上默然，甫还宫，即传旨复官。

十六年三月，改礼部仪制主事吴昌时为吏部文选主事，署郎中事。昌时好结纳，通司礼太监王化民等，欲转铨司；吏部尚书郑三俊尝以问乡人徐石麒，答曰：

"君子也。"三俊遂荐于上。盖石麒畏昌时机深，故誉之，而三俊不知。例转给事中范士髦等四人，御史陈荩等六人。故事：例转科一、道二，文选主事吴昌时特广其数，意胁台省为驱除地也。夏四月，河南道御史祁彪佳劾吴昌时紊制弄权，山东道御史徐殿臣、贺登选各疏参之。五月，吏部尚书郑三俊以荐吴昌时引咎罢，大学士周延儒放归。给事中郝𬳽复劾吏部郎中吴昌时、礼部郎中周仲琏窃权附势，纳贿行私，内阁票拟机密，每事先知。总之，延儒，天下之罪人，而昌时、仲琏又延儒之罪人。御史蒋拱宸、何纶交劾之。七月乙卯，上自讯昌时于中左门，拷掠至折胫乃止。征延儒听勘，延儒先荐大学士王应熊，途中密语，令先抵京。上遣缇骑趋延儒入，侦知之，罢应熊，寻诛昌时，赐延儒死。初，延儒再召，时庶吉士张溥、马世奇以公论感动之，故其所举措尽反前事，向之所排，更援而进之，上亦虚己以听。溥既殁，世奇远权势，不入都，延儒左右皆昌时辈，以至于败。

附　录

　　倪鸿宝先生曰：自神祖中叶以来，三四十年间，朝廷之局凡三变矣！其始天子静摄，听臣工群类之自战，而不为之理。所谓鼠斗穴中，将勇者胜耳！故其时，其血玄黄，时胜时败。其既，阉寺擅权，宵人处必胜之地，正人亦戢心转志，而甘处不胜，不敢复言战，宵人亦不曰战，直曰禽馘之耳！然其时，正人难婴祸患，其心愈喜，曰："吾君子也！"其后魁柄已振，握照虚公，百尔臣工皆怵然不敢穷战，而阴制以谋。故其时，气战者败，谋战者胜；谋阳者败，谋阴者胜。凡明主所钳挞以绳贪人者，宵人皆借之以阱正人，其正人既祸败无可自解，亦曰："吾君子。"其宵人是亦不靳归名君子，而但使其无救于祸败，由是宵人正人皆不敢言党，而党愈炽；党愈炽，而国不可问矣！究之指以朋比，斥为伪学，窜逐禁锢，殆无虚日。予以世患无真品望，不患无真经济耳！所谓道德事功，垂之竹帛，贞之珉石，盖概乎未有睹也！嗟乎，此后世之所以衰也夫！

熹朝忠节死臣列传

［明］吴应箕

目　录

熹朝忠节死臣列传

野臣曰：初，魏忠贤乱政，首撄祸杖死者万燦也。后因汪文言狱，逮死者六人：杨涟、左光斗、魏大中、袁化中、周朝瑞、顾大章。后又因李实诬奏，逮死者七人，则周起元、周顺昌、高攀龙、李应升、黄尊素，并先逮周宗建、缪昌期也。以吏部尚书遣戍遇赦，为逆党所抑，卒死于戍所者赵南星；以争梃击首功，为逆党论劾，逮死狱中者王之寀，各有传，共十六人。

他如刘铎之以诗语讥讪弃市，夏之令以阻挠毛帅逮死，苏继欧、丁乾学、吴裕中、张汶、英怀贤，或缢死、怖死、仰药死、杖死，皆以逆珰死者也。因附名以见。

呜呼！自古阉宦之祸烈矣，未有如忠贤之甚者也！夫内廷与阉宦角，卒不胜，故卒死如振、如瑾，其触而死者，何累累也？外廷与阉宦角，恐不胜，而借手于阉，则自古至今，于忠贤时为仅见耳！呜呼！不有死者，其时可忍言哉！

诸臣死十有余年矣，余恐后此听闻之言，或失其实，则死者有知，谓当世何？于是条次其本末而为之传，要之所为熹朝者可考而知也，即以使未死者皆有所感而已。崇祯庚辰春王□月。

太子太保吏部尚书忠毅赵公传

南星字梦白，号侪鹤，北直高邑人，万历甲戌进士。其所为举子业最有声，为吏部，再蹶再起考功郎，缩察刚介，为近代第一。以忤执政，罢已三十年，年七十余矣，光宗登极，即家起工部侍郎。天启初，总宪为冢宰，以廷推事忤内罢归，为逆党论劾，谪戍代州，卒死戍所。其子婿皆遣戍。崇祯初，复官荫，赐谥，予祭葬如例。

初，南星为选司也，疏陈剖露良心，极直切，所抨击皆快人心，有一给事与左，即引疾归。平湖陆光祖太宰将去国，特起之田间，因覆疏，又与新建张相左。时冢宰为余姚孙鑛，有执持，所置司官，极一时之选。南星为考功主计，一切权势无所关其说，而台省长预其事者不使知，内阁太仓相王、兰溪相赵及新建张相尽丧私人。其所斥吏主事即冢卿甥，一给事即南星姻家也。论者谓国朝二百余年，此考功为仅见；然阁衔之深，而台省耻不与闻也。于是因言者夺冢卿俸，外谪，南星又以总宪李世达论救，加削籍。当是时朝士无不愤惋，而魏允贞、顾宪成等数十人共疏争，咸遭放逐，后遂有党人之祸，终逆党时，以门户处者，皆由此也。

天启癸亥，南星总西台，□主京察，去前考功时已五阅察矣。时亓、赵乱政，作《去四凶议》，以坚太宰意，所锄斥略与癸丑等。已为尚书，吏部益振，励以澄清为己任，疏再剖良心，盖与《三十年疏》相喁答也。调邹维琏考功，用魏大中首垣，冒嫌以高攀龙为总宪，皆犯时忌，语在诸臣传中。

会与南乐相魏广微失。广微即允贞子也，南星素子蓄之，后以媚忠贤，故益示峻。一日，广微于广座诋李三才，南星正色曰："李公、尊公执友也，少年何得轻议前辈？"初，允贞被斥削，三才为南户郎，独抗疏救，而相以附时局诋李，故南星云然。又一日，广微踵门见，阍者以□□拒，相发怒曰："麾我耶？然吾官尊，未可麾也！"恨入骨。于是与忠贤谋而啗之，曰："不首去南星，吾两人未知死所！南星去，余振落耳！"未几，以会推晋抚，切责党比，罢南星归，蒲州相韩以疏救，亦罢。逾年，凡为南星用者尽斥，国遂空。

逆党张讷、石三畏等先后诬劾南星，起大狱，行抚按鞫问，承望风旨者辱南星讼庭，子清衡、甥王钟庞遭捶楚，桁杨于市，观者皆雨泣。坐赃一万五千两，罄产不完十之一也。微义助，清衡死敲朴矣。谳上，南星以耄得赎，中旨不许，戍代州，清衡庄浪，钟庞永昌，累累并发，坐短辕，携书一篑自随。南星执甥手仰天祝曰："两人往戍所，宜闭门读书，彼苍不终愦愦也！"

至代州，僦小楼居，颜曰"吉祥"，扫土室，题"味蘖斋"，日夕开卷自娱。崇祯初，肆赦，抚臣牟志夔故留滞不予归，卒死戍所。临死曰："吾可下见杨、左诸公矣！"

南星以举业著名，□十余年，学士诵法不衰，皆称之曰侪鹤先生。后十年，而全集始出，其古文原本《史记》，饶有欧、苏风，诗于杜工部殆欲近之。自万历以来，凡以气节文章著者，惟南星称全云。

呜呼！朋党之说，欧阳子比之作俑！予观天启甲子以后事，而信其言之痛切也。初，高邑为考功锢也以党，为太宰罢也以党，卒以党死戍，党人岂真负国家哉？而锢之罢之死之者，何忍奉一刑余以自殄瘁共国家也！故为朋党之说而有后者，圣人之言其不验与？诸死者皆以党累，赵太宰实始终之，故大臣而受祸烈未有如太宰者也。虽然，党祸无不烈者，不烈，亦乌在其为太宰也？

赠太子太保兵部尚书都察院左都御史忠宪高公传

攀龙字存之，号景逸，南直无锡人。少从同邑顾宪成讲学，知入道之要。中万历己丑进士，出高邑赵南星门，选行人。适金事张世则疏诋朱、程，请改传注，攀龙奋然争。癸巳，太仓相当国，赵南星为考功，与牴牾，有附阁攻部者，罢南星。时攀龙奉使还，即上疏争，语侵阁，降典史揭阳。归，益励志于学，与顾宪成创东林书院，聚诸同志相切劘，后邪党以门户攻东林者即此也。家居三十载，天启元年，起为光禄丞，晋少卿，寻转仆卿。时邹元标、冯从吾以总宪讲学，数邪臣朱童蒙、郭允厚诋之，攀龙疏辩。又，礼部尚书孙慎行以红丸事攻方相从哲，并会议三案，攀龙力持正论，因辩揭大要，谓："调停隐忍，是君父身上事；执大义，守法纪，君仇必报，君贼必讨，是臣子身上事。"时以为《要典》三案，非斯言不能折。

居无何，起少司寇，甲子入都，则杨涟罪珰疏上，中及枚卜事，盖指南乐魏相也，魏珰欲与珰合，而外廷复以事权相齮，机渐恶，攀龙备极维挽，得未即裂。会总宪缺，廷推攀龙，时南星为太宰，攀龙以门墙嫌力辞，不允。甫入台，激扬风采，即发淮扬按臣崔呈秀赃巨万，褫职遣戍，天下快之。呈秀迫则伏辇毂，归命忠贤，图报复，而魏相复与合，于是借会推事并逐铨省诸臣，语在大中及尊素传中。

乙丑，诏狱起，连及攀龙，会锦衣有力持者得免。已因游凤翔疏削夺，诏毁东林书院，攀龙杜门不通宾客。

丙寅，闻先逮缪昌期、周宗建，攀龙知不免。一日，闻官旗信，笑曰："果然矣！"及晚，与家人聚酌如常，将寝，信急，于是整衣起，从容入书斋谓诸子曰："吾稍料理就道计，无恐怖家人也！"作字二纸锁箧中，复入内与夫人语，半晌出，取所封纸置几上，指示两孙，明日以此付官旗，切勿先发。因扃户，移时声息寂然。诸子推户入，见灯火荧荧，杳无踪迹，发所封，乃遗表也。云："臣虽削夺，旧系大臣，大臣受辱则辱国，故北向叩头，从屈平之遗则。然国恩未报，愿结来生。臣攀龙垂绝书，乞使者执此报皇上。"复有别友人书云："仆得从李元礼、范孟博游矣！一生学问，至此亦得少力，心如太虚，本无生死，何幻质之足恋乎？"诸子惶骇，从旁扉奔池畔，则已赴水死。

时先后就逮诸臣，皆拷掠，死诏狱，所不辱者惟攀龙一人而已。今上下诏褒恤，赠官予荫，赐祭葬，谥曰忠宪。

赠詹事府詹事翰林院侍读学士缪公传

昌期字当时，号西溪，南直江阴人。自诸生至乡举，皆困场屋，其文名藉甚。至万历癸丑，年逾五十矣，终登第。时福清相叶主试，以宿士选入翰林，是时常熟令杨涟方以考选候补，与往来，称石交。

　　乙卯五月，梃击事起，巡城御史刘廷元阿后宫，主风癫，而御史刘光复亦有"言官无居首功，无视为奇货"等语。昌期愤甚，每语人曰："某以'风癫'二字出脱乱臣贼子，某以'奇货首功'四字抹杀忠臣义士。"而倡风癫者切齿，因嗾给事刘文炳论劾。昌期拂衣归。

　　庚申，光宗御极，一时正人向用，南昌相刘趣入补职，寻主试湖广，号得士。程论引赵高、仇士良，语犯时忌。甲子，逆珰忠贤势横甚，时杨涟为都御史，左光斗金院，三人尝私相痛愤。涟推案起曰："不诛此奴，何以报国？"因商具疏论劾，昌期恃福唐相为助，庶几事济，于是涟决意上疏。疏上，昌期以大义动相叶，语过戆，失相意。相亦上密揭，不行，遂引归。叶归，蒲州相韩亦雅意向之，昌期犹冀挽万一，然珰衔之切。无何，事机变，而韩亦去国矣。于是正人次第削。

　　及杨、左出都门，昌期持具送。会推掌南翰林院，忠贤遣小珰到阁，厉声曰："缪昌期还留他送客！"于是请告归，珰矫旨闲住，已削籍，旋逮问。方被逮时，先三日闻，昌期曰："早知此矣！与应山同事，应与应山同祸。"应山谓杨涟也。逮至，下镇抚狱，捏赃三千，受全刑。内传于昌期手上另加一扭，盖媚珰者谓杨涟疏二十四大罪为昌期代草，故忠贤恨入骨，然实非出昌期手也。昌期卒拷死，今上初，受恤荫同诸臣。方昌期就槛车，犹自疏年谱，内言所以与叶相失者甚详。有就逮诸诗，天下读而悲之。

余读太史槛车中所自谱者，以为其死也由与福清相之微嫌，斯言过矣！夫福清负其权智，谓不得已而如长沙之于瑾，或可救败而杀祸，事势中变，即福清如之何哉？且夫李梦阳不以韩文死，而太史以梁溪死，死机决发，即福清、蒲州、新逮三君子之免者幸耳！太史其何憾也？

或谓太史犯国武子之戒，实有死道。呜呼！于斯时为斯言者，必乱贼也，假时无太史诸人之犯死道，三纲绝，五伦斁矣！无道默容，圣人之言，岂谓是与？

新安黄尚实为予言，当广宁陷没，太史欲有所争于福清，先过尚实，曰："余言戆，恐触忌，公幸与俱，语间当为剂之！"及过福清，论置将语未合，太史勃然曰："老师果尔，非削国之相，即亡国之相矣！"福清一时语塞，然气急几晕绝。夫福清名宽大，而至不能受，太史之好尽可知。由此观之，则太史之不能无望于福清，盖有以夫！

赠太仆寺卿郎中顾公传

大章字伯钦，号尘客，南直常熟人，万历丁未进士，先为李官福建，改教常州。时中朝方争门户，而正人日就摧折，慨然曰："昔贾彪不入'顾''厨'之目，卒西行以解其难。余向与东林疏，此正可以彪自况也。"补国子博士，颇有所效力，于是已犯时忌矣。

辛酉，主广西试，号得士，还朝，则福清相叶与南昌刘相有微嫌，两相皆贤者，而间于群小，于是大章及缪翰林昌期卒善解之。

未几，广宁陷没，时经略熊廷弼、巡抚王化贞以议战守不协，卒偾事，两人俱就逮。而王纪方为大司寇，材大章，以大狱属之，狱词出，传诵天下。当是时，经罪微薄于抚，故狱词有微旨，乃非祸卒以此。保姆客氏与忠贤比而乱政，虽昔之赵娆、王圣不能过也。司寇纪首攻之，附逆者以疏出大章手，故内衔之，思甘心焉。邪臣杨维垣连劾大章鬻前狱，受赂多，大章反复辩，旋引疾归。

归二年，起武库郎，调主客。时珰祸大作，诸奸合谋，以汪文言狱逮大章，下镇抚司，坐赃四万两，受五毒，赃完，移法司定罪，复下镇抚。大章叹曰："士不再辱！"遂投缳而卒。今上初，受赠恤如六臣。

初，大章下诏狱，狱中树生黄芝六瓣，狱卒以贺。大章曰："芝，瑞物也，而用于狱，吾六人其以此终乎？"下刑部时，庶几有更生之望，乃犹加答定罪。时合议者，逆党为多也。附狱词于后。

赠太仆寺卿河南道御史袁公传

化中号熙宇，山东武定州人，万历丁未进士，令内黄有声，调繁泾县，治最，拜御史。熹宗初年，化中睹时事不平，屡疏斥逆珰，忠贤深衔之。会掌河南道，时崔呈秀巡视淮扬，荐黩视贿高下，又多受金纵盗，赃私狼藉，及回道考察，化中论劾之。总院者高攀龙亦具呈直纠呈秀，考功邹维琏部覆，提问追赃，拟遣戍。于是呈秀投身忠贤，图报复。

甲子，傅櫆论汪文言及魏大中、左光斗，化中疏辩，以吏部会推事逐赵南星等。已又因陈于庭会推，谓化中扶同，削籍。后逆党诬劾杨、左，并逮化中，罗织移宫、封疆两案，坐赃六千两。许显纯高坐叱咤，加全刑。赃完，当发刑部，锁头颜紫手毙之。今上优恤冤臣，特赠官，荫一子。

赠太仆寺卿礼科周公传

朝瑞字思永，号衡台，山东临清人，中万历丁未进士，任中书舍人，选为给事，与同官杨涟最善。光朝时，朝瑞请蠲免金花银，忤旨谪外。天启初，召还原官。

时移宫事起，与给事惠世扬左右杨涟，争甚力。御史贾继春有安选侍之议，朝瑞于是三揭难辩，犯时忌。会东南交变，暂停经筵，疏请及时讲学，侵近侍，有借丛指鹿等语，魏、客俱恨之。乙丑，汪文言狱起，奸党用前忌诬奏，逮下狱，镇抚司拷掠，坐赃一万。朝瑞家故不贫，不两月，赃完。时杨、左、袁、魏已死矣。朝瑞以赃完，庶几出狱，忽一日与顾大章及孟弁共饭，狱卒急呼出，顷之毕命。今上御极，赠荫如逮死五人。世扬亦下狱拷掠，以熹宗崩，遇赦得不死。

初，朝臣王绍徽撰《东林点将录》，逆党有指示忠贤者，曰："此一百八人，皆欲杀祖爷者也。"忠贤入其说，于是择渠魁十人，逮之，名已定，诸奸复推敲数日夜，故先逮六人。六人者皆有传，其诬坐朝瑞事，见大章刑部狱词中。

赠太仆寺卿福建道御史周公传

宗建字季侯，南直吴江人。万历癸丑进士，有文名，令武康，调仁和，以治最拜御史。遇事敢言，疏凡数十上，天下称之。

天启初，逆珰忠贤，初名进忠，与客氏交通肆虐，宗建首发其奸。癸亥，疏劾奸臣郭巩附阉挠治，语侵忠贤，有"目不识丁"之语，忠贤恚甚，拟廷杖论死，以福清、蒲州二相力救得解。又大珰刘朝者有典兵行边之举，宗建陈十害，引王振、刘瑾为戒，事得已，然内衔之深。

未几，奉差归，丁艰，逾年而珰祸作。乙丑，工部主事曹钦程论劾宗建，削籍听勘。钦程者，最贪邪无行，为吴江令，士类共弃之，于是首应忠贤募，论劾宗建及吴焕、张慎言、李应升、黄尊素五御史，后逮死者三人。盖逆珰时缙绅之祸始于傅櫆，而在东南者则由钦程也。宗建听勘，巡抚毛一鹭承旨坐赃。未几，以李实奏，逮下镇抚，捏赃一万三千余两。宗建至狱，狱弁许显纯、崔应元等曰："汝是首发祸种，久办极刑待汝。"遂受五毒以死。至今上，蠲赃，予赠恤。

余观丙寅年就逮七人，天下悲之，无间言，独于吴江有微憾，谓其先所荐劾者多未核，以是疑其所向。然甲子六月以前，阉恶未彰也，而首发大奸者谁乎？至今读其疏，光争日月矣，况其卒以是死也！天下惟死者难耳！西江之契，肆其狂噬，犹未即婴刀锯，而独茕夫死者，则何不恕之甚也！

赠兵部左侍郎巡抚周公传

起元字仲先，号绵贞，福建之海澄人也。万历庚子举乡试第一，旋第进士，令浮梁，调南昌，皆治最。内召候考选，有某评士挟怨欲孽之，富平太宰孙丕扬察其诬，曰："周某不考，则评士重处。"于是授御史。辛亥京察后，朝臣以党相争，而攻东林道学之议起，起元驳之，大为时忌。后出为藩臬，历数省，所在著名。天启癸亥，升太仆卿，寻巡抚应天，会有李实及朱童蒙之事，语详《周顺昌传》。

起元之罢也，以逆党构之。时顺昌以吏部家居，为文以赠，其略曰："人臣之去国，与国家之治乱每相应，巡抚太史，天子不轻议去，况议削，更以参属官削也？虽然，能夺公以官，不能夺其名。公去而郡邑守有所顾忌，不敢以身殉珰。继公抚吴者，终不能趋炎附膻，翻一成之案！而即今因公奉得美官，诸人亦色沮心怵，负世大诟。海内伏节秉钺之臣，以察吏安民，挺持乎震风凌雨之中，谓公以削去报天子可也。"文臣无不咋指，顺昌咤愤自若。后卒以党比与顺昌等并逮，下镇抚司，坐赃拷死。后冤雪，受赠恤，荫一子。起元居官清慎，争杨姜，劾朱童蒙，最有执持，吴人至今称之。

呜呼，忠节传存十传，罹兵燹，逸去魏公大中、王公之寀、周公顺昌、黄公尊素、李公应升，万公燝六传，杨、左二公传已刻入前集，倘文章有灵，六传之遗稿复见于世，斯幸矣！后之读者知东林诸公忠烈之惨，并深憾小人之害人家国，以致明季之所以败也，又不胜感慨系之矣！

男孟坚、孙本忠、铭孝、铭节、
铭义、铭道、铭德同编辑

碧血录

［明］黄煜

目　录

题　辞

　　《碧血》一编，纪明天启时死阉祸诸忠也。前列其目，自新建万郎中燝以下凡二十有一人，次载六先生遗书，则应山杨大洪、嘉善魏廓园、常熟顾尘客、江阴缪西溪、无锡高景逸、江阴李仲达也。六先生之集世多有，而此则皆被逮以后及狱中之笔也。其后附以《天人合征录》，有燕客所自为传，隐其姓名，故曰燕客。天启五年，闻六君子之狱兴，乃走燕，变服杂北镇抚司狱卒中，得其遗言遗札，且备见许显纯以非刑楚毒诸君子而致之死状，以著为是录也。

　　东里子读之而叹曰："嗟乎！世事至此，欲国之无亡也，不可得矣。六君子者，杨、魏、顾三公外，一为桐城左公浮丘，一为武定袁公熙宇，一为南城周公衡台，是皆忧朝廷，嫉权阉，不顾其身，而冀万一之可以挽救者也。卒之势不足以抗，而甘以身为殉。彼阉党者唯恐其毒之不至，不足以快阉之意，不足以自媚于阉而取容，于是以古今未有之惨毒，不以加诸元恶大憝者，而乃以施于诸君子之身：呼号宛转而君不闻，血肉狼藉而君不知。斯时之天下，一昏暗鬼魅之天下也！彼自以为典兹秘狱，外廷莫闻，而孰知其诣附惴葸之形，与其恣睢残酷之态，卒亦有旁观者为之绘画；迨其身既膏显戮，而其丑名仍流播于天下后世而不可掩。虽然，若此辈者，不能必后世之无有，惟在人君不使之与政事而窃国命，则阉何能为？附阉者亦何所利而为之？而顾乃驱除其不为阉者，而使之尽为阉也！正气摧残，公论消沮，虫据腹而身危，阉恃权而国坏，易世而亡，岂为不幸哉？"

书后又附《天变杂记》，但云五月六日，不著何年。考《明史·熹宗本纪》，天启六年五月戊申，王恭厂灾，死者甚众。《五行志·火灾》内所书加详，又《火异》内则书六年五月壬寅朔，厚载门火神庙红球滚出，与此皆合。但《纪》作戊申，《志》一作戊申，一作壬寅朔，而此则丁未也。灾异之发，猝然而至，不应中间睽隔数日，似当以此记为是。又有《人变述略》，则纪苏、常二郡民愤击杀缇骑之事。燕客自云通天文、兵法，其人盖亦奇杰之士，而是书首列诸忠，题云"黄煜汇次"，予以为当即其人姓名；唯其邑里本末，则有未能深知耳。是书足以备监戒，动感发，故录之。

乾隆四十有一年八月望前一日
东里卢文弨题于钟山书院之须友堂

碧血录

碧血录目

黄煜

《碧血》纪死忠也，其同事而生者不具载。

钦赠光禄寺卿，恩封三代，赐祭葬荫谥，给还原银，以旌忠直，原任工部屯田司郎中万燝，字暗夫，号元白，江西南昌府新建县人。天启四年甲子六月，杖死。遗书无。

钦赠太子太保、都察院右都御史，恩封四代，赐祭葬荫谥，给赡银，原任都察院左副都御史杨涟，字文孺，号大洪，湖广德安府应山县人。天启五年乙丑三月逮，诏狱死。遗书三种：《辩揭》《绝笔》《血书》。

钦赠太子少保、都察院右副都御史，恩封三代，赐祭葬荫谥，原任都察院右金都御史左光斗，字遗直，号浮丘，直隶安庆桐城人。天启五年乙丑三月逮，诏狱死。遗书缺。

钦赠太仆寺卿，恩封三代，赐祭葬荫谥，原任河南道监察御史袁化中，字民协，号熙宇，山东济南府武定州人。天启五年乙丑三月逮，诏狱死。遗书无。

钦赠太常寺卿，恩封三代，赐祭葬特祠荫谥（长子学洢并奉旨祔祠葬），原任吏科都给事中魏大中，字孔时，号廓园，浙江嘉兴府嘉善县人。天启五年乙丑三月逮，诏狱死。遗书一种：《自谱》。

钦赠大理寺卿，恩封三代，赐祭葬荫，原任太仆寺少卿周朝瑞，字思永，号衡台，山东东昌府南城县人。天启五年乙丑三月逮，诏狱死。遗书缺。

钦赠太仆寺少卿，恩封三代，赐祭葬荫，原任陕西副使顾大章，字伯钦，号尘客，直隶苏州府常熟县人。天启五年乙丑三月逮，诏狱死。遗书四种：《自叙》《书刑曹事》《杂记》《绝笔》。

钦赠太子太保、吏部尚书，赐祭葬荫谥，原任吏部尚书赵南星，字梦白，号侪鹤，直隶真定府高邑县人。天启五年乙丑三月提问，戍死。遗书缺。

未请恤，原任巡抚顺天都察院右佥都御史邓汉宇，号吾丘，江西建昌府新城县人。天启五年乙丑三月提问，戍死。遗书缺。

未请恤，原任吏部文选司郎中夏嘉遇，号绳北，直隶松江府华亭县人。天启五年乙丑三月提问，摆站死。遗书缺。

钦赠太仆寺卿，恩封三代，赐祭葬荫谥，给葬银五百两，原任四川道监察御史夏之令，字宣伯，号邵五，河南汝宁府光山县人。天启五年乙丑九月逮，诏狱死。遗书缺。

钦赠原任扬州府知府刘铎，号洞初，江西吉安府庐陵县人。天启五年乙丑十一月逮，诏狱斩死。遗书无。

钦赠太仆寺卿，恩封三代，赐祭葬荫，奉旨议谥，原任江西道监察御史吴裕中，字幻益，号磊石，湖广武昌府江夏县人。天启五年乙丑十二月，杖死。遗书无。

钦赠原任福建道监察御史周宗建，字季侯，号来玉，直隶苏州府吴江县人。天启六年丙寅二月逮，诏狱死。遗书缺。

钦赠詹事府正詹事，恩封三代，赐祭葬荫谥，原任春坊左谕德缪昌期，字当时，号西溪，直隶常州府江阴县人。天启六年丙寅二月逮，诏狱死。遗书二种：《自录》《就逮诗》。

钦赠太常寺卿，恩封三代，赐特祠祭葬荫谥，原任吏部文选司员外郎周顺昌，字景文，号蓼洲，直隶苏州府吴县人。天启六年丙寅三月逮，诏狱死。遗书缺。

钦赠兵部右侍郎，恩封三代，赐祭葬荫谥，原任巡抚应天都察院右金都御史周起元，字仲先，号绵贞，福建漳州府海澄县人。天启六年丙寅三月逮，诏狱死。遗书一种：《训子书》。

钦赠太子少保、兵部尚书，恩封三代，赐祭葬荫，原任都察院左都御史高攀龙，字存之，号景逸，直隶常州府无锡县人。天启六年丙寅三月逮，自沉死。遗书二种：《遗表》《别同志书》。

钦赠太仆寺卿，恩封三代，赐祭葬荫谥，原任福建道监察御史李应升，字仲达，号次见，直隶常州府江阴县人。天启六年丙寅三月逮，诏狱死。遗书二种：《就逮诗》《诫子书》。

钦赠太仆寺卿，恩封三代，赐祭葬荫谥，原任山东道监察御史黄尊素，字直长，号白庵，浙江绍兴府余姚县人。天启六年丙寅三月逮，诏狱死。遗书二种：《遗书》《诗》。

未请恤，原任刑部右侍郎王之寀，号心一，陕西西安府朝邑县人。天启六年丙寅三月逮，诏狱死。遗书无。

附：《天人合征录》《天变杂记》《人变述略》。

杨大洪先生狱中书

逮民杨涟谨揭。为心不欲辩，聊一白不辩之心，以俟天下后世事：涟今逮矣，逮以杨镐、熊廷弼。夫封疆，公行贿赂，营求幸脱，而涟与左光斗等为贿营之人也。此事而果有也，即颜甲千重，不能遮人之共唾，纵喙长三尺，安能欺念之独知？如其无之，不见"莫须有"竟埋杀赤心人也！此不必辩者也。至涟之有此一逮也，久已自知之。而涟之遂成此一逮也，由来之故，天下亦能共知之。难将一人手掩得天下目，又无俟辩者也。人之计算此一逮也，封疆题目，压得人头，缄得人口，可以污其名，陷其身耳。血性男子，痴愚不识避忌，既已不爱官、不爱生矣，前日无所不拚，今日当无所不听，辩复何为？此皆心之不欲辩者也。

何以不欲辩？非不敢辩，不能辩，私心窃有自盟。我辈入告君父，出对天下，辩驳执争，只当在国家大是非、大安危，不当在一己胜负、一身利害。今日之事，大狱频兴，有无关系，有无枉抑，会有任其责者。从涟自看，毕竟只是身名两字耳。盗金不辩，昔人或为之，况此君父之前？涟所自恨，三朝豢养，一念独盟，毫无补于今日尧舜，大有负于先帝恩知。徒作明时累臣，死且不瞑。若夫雷霆霜雪，无非天恩，何不可安受？我思古人，罪则归己，此则不辩之心也。但愿二祖十宗，实鉴此心，天下后世，共见此心，涟之愿毕矣。谨揭。

绝　笔

枉死北镇抚司杨涟绝笔书于监神之前。涟以痴心报主，不惜身家，久付七尺于不问矣。日前赴逮，不为张俭之逃亡，杨震之仰药，亦谓雷霆雨露，莫非天恩，故赤日长途，银珰不脱，欲以身之生死归之朝廷。且不忍概于今公论与人心天理俱不足凭，徒以怯缩自裁，只取妻子一环泣，令明时有身死不明之大臣耳。

不意身一入都，侦逻满目，即发一揭，亦不可得。打问之日，汪文言死案密定，固不容辩，血肉淋漓，生死顷刻，乃就本司不时追赃，限限狠打。此岂皇上如天之仁，国家慎刑之典，祖宗待大臣之礼？不过仇我者立追我性命耳！借封疆为题，追赃为由，徒使枉杀臣子之名归之皇上，而因我累死之冤，及于同类。然则涟今日尚何爱此余生哉？叩九阍不得，苦求自绝，明涟自死，非皇上杀之，内外有杀之者！涟死，则仇我之忿可消，而好生之念或动。天下人心犹在，公论或伸。使国家无一狱冤死卿贰科道六人之惨，而涟亦得上见先帝于在天，诉明当日不忍负顾命一念。

至于移宫一事，李选侍于圣母有气殴之凶，于先帝有廷辱之恶，于皇上有欺侮之罪，如此肆无忌惮，岂堪与冲圣同宫？先帝上升之日，大小臣工共议：李选侍移出乾清，亦谓乾清非李选侍得据之所，迁居别宫，于皇上临政为便。盖在廷诸臣一念正名分，防微杜渐专擅之公忠耳。李侍于皇上既非嫡母生母之尊，又无抚养保护之素，只一移宫本分事，有何违犯？讵云陷于不孝！然则今日诸臣还当请李侍还正乾清，可乎？即曰踉跄出宫，无知中官快贪怨之私有之，然与议移宫者何与？嗟嗟，以诞天育圣之国母，几年受其携迫，至于皇上母子相诀，终天饮恨何穷？此在为圣母办膳所亲见者。今在朝冠绅，谁非圣母臣子？曾未动念，而于李侍半晌迁移，百法千方惋惜，无非为外欲杀涟之人砌成罪案，曲加描写，诬谓先帝三次召对，皆为封侍，饰成遗命。之专如此，不知君臣召对，生死交关，但惓惓一宫人，视先帝为何如主？乃先帝绝未尝有此也。初次召对，为发明违和。以旧病偶发，服药无效，命诸臣传知中外，以杜纷纷之口；并皇上服侍人都有了，与停太后封事。既因孙宗伯言封李侍仪注，先帝始言加一名封之，故以李侍生育多、服侍久也。非宗伯言之，则先帝语不及此矣。二次召对，则君臣相慰藉，语未及他事。三次召对，则属大臣以辅皇上要紧，及国家事当尽心分忧。至问寿宫后，李侍拉上入，复推出，要封皇后，先帝色大变。孙宗伯言，封李侍为皇贵妃，臣等不敢不遵命。先帝但急指上言"辅他要紧"者三，明示封侍无甚要紧也。随即晕倒御榻。今无端谓先帝于李侍，临危握手丁宁，明加皇上以违逆之名，隐加先帝以内嬖之过，徒欲快几人之恩仇，不顾伤两朝之名德，是岂可忍？

今涟已死矣，只存此一段议论，洒向青天白日，为幽冥核实者考质。倘仁人君子不忍绝涟冤死之言，有以付之修实录者，亦臣子所以为两朝名德深忠也，然非涟所敢必也。若涟二三乳臭之子，惊魂欲散，知无能收入家乘矣。嗟嗟，痴心为国，妄趋死路。生有累于朝绅，死无裨于君德。虚存忠直肝肠，化作苌弘碧血，留为贯日白虹，死且不瞑。但愿国家强固，圣德刚明，海内长享太平之福，涟即身无完肉，尸供蛆蚁，原所甘心。不敢言求仁得仁，终不作一怨尤字也，而痴愚念头，到死不改。还愿在朝臣子共从君父起念，于祖制国法国体，大家当共留心。即皇上处选侍一节，斟酌于潜邸凌圣母之雠，大廷辱先帝之恶，仅缓其名封。毕竟念其先朝旧人，抚养弟妹，厚加恩礼，于国法家法，可谓衡量得体，仁义兼尽。今何忍以罪一憨不畏死之杨涟，尽一笔抹杀？若夫泰昌元年九月中，传李氏气殴圣母与节次无礼等圣谕，此诏由方、韩、刘三阁臣与六部、都察院、一国公、三科道于乾清宫前面发。因方相公言待李侍有恩礼，不必又暴其过恶，圣上亲言，朕与他有仇。当时君臣相质真意，母子相念至情，宛然恻然，夫岂出夜半传宣者？今俱以一假字消之，谓俱出从旁提弄，又令后世视皇上为何如主？涟谓事关大体，即语有失次，处有欠妥，只当据理据情规正，不妨存其本色。而况乎其未多失也，又何忍不于君父母子无解恩怨，宫庭当正名义，再一深原？涟沉死狱底之人，语言亦复何味？而人之将死，两朝豢养，一念忠爱，恨生前未一发明，不忍不于死时痛心一宣吐也。唯同朝诸君子念之。若夫家破人离，老母无终，幼子无聊，债家逼促，都非涟所屑及，亦终不怨天尤人矣。好笑好笑。

读书作官人于国家大体紧关之际，只当唯诺从人，作秦越之视，为两踩之船。当事无半句商量，背后冷言冷语，为目前自卸妒人计，作后日逢迎功名地，岂不仕路上大乖巧大便宜事？何苦痴愚，从君父国家远念，不顾性命身家，务欲尽其在我？又复好直，触忤多人，使尸无全体，谁是独食朝廷饭者！好笑好笑。

然吾师致身家法，先哲尽忠典型，自当成败利害不计，乃朝廷之所以不虚养士也。若个个讨乖趋势，只恋功名长久，不顾朝廷安利，圣贤书中，忠义心上，终不敢许。即范滂临刑"欲汝为善，则我不为恶"父子相诀之语，涟亦谓子孙何不更勉之忠义而作此隐语？昔人读书之念如此，尧舜其心至今在，是何证据？大笑还大笑。但令此心未尝死，白日冥冥，于我何有哉？

血　书

涟今死杖下矣！痴心报主，愚直仇人，久拼七尺，不复挂念。不为张俭逃亡，亦不为杨震仰药，欲以性命归之朝廷，不图妻子一环泣耳。打问之时，枉坐赃私，杀人献媚，五日一比，限限严旨。家倾路远，交绝途穷，身非铁石，有命而已。雷霆雨露，莫非天恩，仁义一生，死于诏狱。难言不得死所，何憾于天，何怨于人？惟我身副宪臣，曾受顾命，孔子云："托孤寄命，临大节而不可夺。"持此一念，终可以见先帝于在天，对二祖十宗，与皇天后土、天下万世矣。大笑大笑还大笑，刀砍东风，于我何有哉？

魏廓园先生自谱

万历三年乙亥，一岁。 予世嘉兴迁善乡三十五都北区东二岁圩人。可考者，以洪武间讳伴者为初祖。祖婿于徐成三，十九年，成三编戍于云南大理卫。徐氏绝，则以婿家补伍，予家乃西隶军籍焉。宣德中，析嘉兴为嘉善，因为嘉善人。今在大理者为真公派，在嘉善者为成、显二公派。成、显出于海，海配金氏，真母亦金氏。又所传真子暹寓成、显二公书称叔父，真、成、显似同父兄弟也。成一支绝；显为予高祖，高祖四男子，仲子为予曾大父隐斋公，隐斋公生南川公，南川公四男子，仲子为继川府君。府君以予行人满考，移赠行人司行人，再以予选授工科给事中，以光宗登极，恩赠工科给事中。已予升礼科左给事中，时以皇第一子生，推恩赠礼科左给事中。已又以予升吏科都给事中，以今上登极恩未补，补赠吏科都给事中。先是，为行人时，行人尚仍八品之旧，先孺人薛不得赠，后三赠皆孺人。迩追夺之命无虚日，予罪至勤缇骑，而未蒙褫削，恩特隆，故叙次独详，称府君先都谏，先妣孺人焉。

先都谏既以仲子任大父里徭，家破，田庐服物朝夕鬻。鬻尽，嗷嗷五口，悉赖先孺人十指矣。既屋庐拆，而先孺人又妊予弥月，戚族以入产妇相戒。独先孺人之四叔母子赘而独居，留与同居。及宿，衾裯敝烂，先都谏、先孺人时对纫其裙辅之，寒或益以短褎，不能支也。盖是时，先都谏每昼出与人象棋，而孺人拮据支吾，生人之趣都尽。一夕腹痛，起据蓐，壁栋间火光荧荧，先孺人以为鬼烧，疑不禄，而火光缘栋上升，至脊梁正中而予生。时先都谏睡梦中则又若见两童子执灯导一金冠绯衣少年者入卧室，遽然起，则闻予哭声矣。时十一月十四日亥时也。先都谏自是决意教予，身为蒙师焉。

四年丙子，二岁。 先都谏授蒙于邬家村，徙家相就。二姊归于吴。先孺人腹予而纺，日溺汁渍腰以为常。

五年丁丑，三岁。

六年戊寅，四岁。 是岁，先都谏授蒙于陶之凌巷，徙家相就。日置予于膝，授诸弟子诵。予闻所授《孝经》《大学》诸书，亦日渐成诵。

七年己卯，五岁。

八年庚辰，六岁。 是岁，先都谏课予读，读能强记，课偶语，颇能捷应，尝引以对客焉。

九年辛巳，七岁。 七八岁时，每就枕，先都谏口授古忠孝节烈事一二条，睡醒即令占昨所诵书。读暇，先都谏偕予散步，辄诣先孺人纬车侧，先孺人背尝负痛，命予拳背；或散步，每有做官何所事事之想。

十年壬午，八岁。 是岁，始出痘。痘愈，先都谏课读，五帙并授，过目辄诵；诵已，辄亦善忘。新授稍快，温习稍苦，先都谏因命予遍授诸弟子诵。习小楷颇工，复命予遍授诸弟子仿，人称为小先生。有时持画扇者至，为题咏其上。

十一年癸未，九岁。 予八九岁时，家常并日而食，或野菜和米作粥，淅粒饲予，先都谏、先孺人及三姊徒菜羹耳。至课读稍弗中程，箠杖辄数十下不少恤。先孺人护之，每中杖，已而徒泣。南川府君见之，间为流涕曰："一儿，忍乃如此！"先都谏背予向南川府君流涕曰："正复不忍耳。"

十二年甲申，十岁。 予时于村童中颇负颖异之誉，抱女者多欲得以为婿，先都谏意在能佐予读者，气类不能佐予读者，虽富不许。而外父钱公惺寰择婿颇殷，先都谏以为庠士也，议昏焉。

十三年乙酉，十一岁。 钱公既急予婿，而先都谏复急予读。先都谏时从人言，少所受业师贺正泉之严而有益，妫者因诡言钱业已延贺为师矣，先都谏因命予赴钱婿。初，钱实未延师也，去钱数百武有尤济宏先生，因往附学。不一月而钱徙居，从师不便，仍归学于家塾，先都谏日有废读之忧矣。

十四年丙戌，十二岁。 钱公馆莲花泾徐氏，予往随学。未几，钱病甚，主人亦死。吕云岩馆予族，因往附学数月，无益。

十五年丁亥，十三岁。 是岁，先都谏徙馆于赵巷荡之短滨，族叔月台合孙竹亭拉朋徒十余人，延沈玉台先生共业。先都谏率予往附，月台弗许，强而后可。盖人情忮予之慧，惮予之僪，幸予之贫，夺予之便，谓可以终废业也。未几，嗾沈师谢予，予询之故。曰："汝日偕某僪。"予曰："既两人僪，则奈何谢予一人？"辞出，而先都谏急缚予谢过，杖予至流血，沈师乃许卒业。既自欲行文，不可，则又私自行文，不问何题，凡所闻见，必能拈入成章焉。入秋，迁馆于孙，每见竹亭述少年从王龙溪游，与君兴叔及沈师诵说阳明、正斋两先生事，时学静坐焉。是冬，南川府君卒。

十六年戊子，十四岁。 是时大饥，钱公聚徒数人，予与之俱。李全吾者，钱公之女弟夫也，爱予之质，时称说于鹿胡叶公。叶公见予文，则又大奇予文，谓宜置之好师友间。于是沈元封先生愿授书，元封之兄心阳则愿授粜，鹿胡先生若主之焉者，率予诣学。未几，有试事，予试辄弗利，又弗竟学。

九月，叔父君兴省试下第归，先都谏日裹米一升，越旬日杂置鱼肉之属，令就叔父学。叔父既感先都谏之生之，又怜先都谏之志，而恐其弗遂，虚予之质而底于无成也。说《书》，则叔父不躬说《书》，则令予说《书》；弗当，则更令说《书》，而终不自说《书》，或四五更而弗当。常笑曰："汝初说已近，吾怪汝之颖而思弗沉耳。"谓作文之益不在作文，在阅文。每阅先正一文，辄闭不令阅，先以其题令口占一篇；大意弗善，则令更占，占数过而后阅文。又不令竟阅，或阅半而令续，或阅边而令偶。于是规矩准绳、转折浅深之妙大进。当意，则赓歌互答，如对好友；不当，则长跪至丙夜，呵切弗假。予文章之有根基，三冬之力也。（今安得如此明师哉？）

十七年己丑，十五岁。 先是，先都谏废箸时，三叔如川公曰："兄箸总废耳，不如以其住基傍基归我，我以其野田易兄。"至是，先都谏荡析者垂二十年，族长者弗能平，劝三叔以亩余归先都谏，三叔之入人质贾者，则先都谏代输之。乃先都谏旦得之而夕售之，充余步脯修齑盐之费，从金凤台先生于俞氏。族长者弗善也，姗笑藉藉，予又嬉，第锐于举业。每一追忆，痛恨欲死。

十八年庚寅，十六岁。 先都谏既贫甚，束修所入，不足以充衣食。又极意于予之修脯，修脯固不足以入时师之目，而饔飧又弗时继。钱复贫，岁踵饥，业阽废。君兴叔父爱予甚，时念此儿不成则已，成必越众，数以此坚先都谏心。时偕友人读书于邑之东塔，则载予与俱，又徙于陆庄，则与俱之。陆庄不数月，叔父病甚，就医，予彷徨无所归，徙家塾耳。一日，闻叔父病甚，且往候，值表戚沈少兰谓："若叔有极美意，思亟见若，若奈何弗亟往？"询其故，曰："若叔未子，病且革，意嗣若矣。"予曰："幸为我谢叔父，家大人止予一子，予嗣叔父，予父又谁为嗣者？"叔父家固康，病寻瘳。自是，不第爱予且敬予，有事就而相商，如成人矣。

十九年辛卯，十七岁。 先都谏复徙馆于陶之凌巷，而予从泰宇曹师学。夙仰曹师之规行矩步，称人师，而曹师一见予文，亦即视为相长之友。志气鼓舞，藻思溢发，寂寥短章，舂容大篇，腕如其口，口如其意，一日三艺，日中脱稿，如探囊焉。曹师课艺，篇有大结，结中时有感寓，曹师每勤默容之戒，亦间发为诗歌。是岁，先都谏任修脯资，而传餐属之钱，读书得稍成片段云。

二十年壬辰，十八岁。 予赴童子试，县、府俱有名。二月，正于郡寓候道试，而怦怦心动，急驰省，则先都谏感寒疾，然聚授生徒如故。予劝且暂遣，因留侍疾，而先都谏蹶然起曰："负我，负我！"因自出雇小舠，减一簪五分许为试卷费，促予登舟，亲为解维，望余舟不见，始入寝。先都谏初不自虞其革，复谓道试固不远也。然予心日不宁，间彷徨寓门，而人以讣闻，先都谏以二月十五日终于正寝。予惊惧号踊，屣袜遗脱，不复还寓。跣而奔，不识路，则依官路行，谓牵路可达。乃未尽六里街，两足为砖石屑所啮，血渍泥坟赤，屡起屡踣，行道嗟悼。一轿卒杨君贤以事归邑，见而隐之，挟与俱，困甚则附其肩以行。昏时达邑，急买舟归，尚二更，得躬含殓也。

先都谏弥留时，不欲葬于祖茔，意欲问之君兴叔父得尺地可葬者，而叔父故出嗣于南郊叔大父，弗得自主；又木直薄不可以久，屋主人难之，遂藁葬于祖茔。今三十四年矣，未能更葬，非先都谏志也。葬毕人散，一母一子徒朝夕哭。

屋主人故有子从先都谏学，因拉诸从先都谏者毕从予，予于是一意为蒙师矣。余既未冠，而诸生徒者又故狎处，而年相若者有之。颇黠者阴号召诸生，令弗驯予约。予知之，立为程约，弗如约者，罚弗爽，而黠者佯听之。黠者以为予将终听之；诸小生亦严事予，逾严黠生矣。偶一日午解，予散步于邻场墙以内，而墙以外故有五圣神祠，黠者率诸生徒燃烛祝予死。予一一听之，从间户潜归于塾，俨然坐。黠者至，予叱令跪，弗驯。

予诘以顷于神祠前罗拜而祝者何言，诸生徒相顾失魄，而黠者首服其辜，自是莫敢以黠应矣。复与诸父兄约：归而驯谨者，密以闻；归而傲弗驯者，密以闻。间一奖之责之，而诸生徒之驯约，在家如其在塾也。课蒙之暇，间为时文、古文、诗歌，俱勿专业。

二十一年癸巳，十九岁。 仍馆于陶矣。李君全吾以生徒过多，恐废业，延以训其子婿，并拉唐张二三生。李实贫，弗能为馆谷主，其意良厚。先孺人迁居于君兴叔父之侧楹中。

二十二年甲午，二十岁。 张生为主，附以孙氏诸徒。张以椎油为业，夜半起，予亦起，主人侦知之，每以鱼饭馈焉。时饶公位督学南畿有声，一日书贾挟四府考卷来售，心爱之而力弗副。贾人去颇躁，竟遗其后一帖，可五六篇。玩之，自后为文，气机触发如决壅泉，搦管拈题，意兴淋漓，无所不有。迨县试，而服未阕。逾月而覆试，未阕也。时覆试有未到者，案故未出，予服寻阕，而覆试者二人至，予得补考。恐县令疑为冒籍，更名廷鲤，以从兄弟中庠生以廷字排行者，可弗疑也。

时令为阳东章师，即于县堂较艺，寸晷中敲呼号彻，而予卷以。次交，迨第三人交卷，则章师手予卷而示之曰："文当如此如此。"固目属予者久之。予欲览初交卷者之文章，师曰："不必看，汝持卷去，补原试三题来我前。"予立补三义以进，则又喜，又檄其意所欲首二人同余再试，则又喜，置予第二，曰："恨补卷，不得首子也。"时夏公璞斋艰居，少许可，见予试卷而臭味投之，因称于高景逸、吴子往。府试第一名，道试第四名，补弟子员。

冬十二月廿又四日，就室于钱氏，室人今三封为孺人。予昏，服御皆如常时，越二日，而先孺人寄一新油绿布道袍至。三日而携室人拜先祠，因留过岁，先孺人甚欢。

二十三年乙未，二十一岁。 馆于凌生斗垣。秋，病痢剧，粘一死字于榻前，万缘都断。愈后，阅文大明快。是岁，有王雨圃者善子平，批予命，止"丁酉乡科、戊戌联第"一语而无别说，更叩之，曰："趋吉避凶的话，公也不听，仕途上宽人些。"已又向人云："中后还有三十年贫贱。"今科分不验，而酉、戌以来，近三十年矣。

二十四年丙申，二十二岁。 馆于凌。夏，君兴叔父病不起。叔父平昔最爱敬予，而三从兄某，父不以为子，兄亦不以为弟，叔父每怜而衣食之，出入与俱。予宗故军籍，南郊公为长支，无子，叔父嗣，祖遗军田二十八亩，以供军需，合族分受久矣。南郊所自置产，非军产也，而某乃鼓族人而讼。时叔父有子午孙，三岁矣。举族为利所哄，而予以一人挺持其间，刃攒于胸。时予妇尚滞外家，先孺人念予妇，予妇亦时时念先孺人，僦一廛于城中新街，姑妇相傍也。沚儿新产，而族人日集而噪于室，老者言死，饥者言食，强者言殴言杀，无休时。狡者则又向南郊公云："我辈第恶之罘甚，何敢得罪叔公？"南郊公颇为所愚，目予若转贻之戚者，而予挺持无二意，郡县亦俱是予言，诸眈眈者亦私有以饵之，午弟家得无败，而予于族树怨矣。（任事之性如此。）

二十五年丁酉，二十三岁。　馆于沈生埙家。录科，补增广生。

二十六年戊戌，二十四岁。　仍馆于凌。是时馆资特十金而赢，奉先孺人，先孺人岁可费六七金，余金则买书读之。孺人出父母骄稚之中，春汲爨浣纺绩咸习，家靡闲言，门无俗务。雏儿新慧，囊有余钱，长读浩歌，乐莫乐于尔时矣。（真是乐！试问位高金多者还识此乐否？）

二十七年己亥，二十五岁。　与赵归甫共业于桐村书屋。夏，德清许敬庵先生招与其公子共事，因与邹自淑希孔定交。是岁，长女生。录科，今行卷中行夏之时第一首，即试卷也。

二十八年庚子，二十六岁。　馆于许。春，读书皋亭山。夏，读书西湖之陈庄。秋，试不售，归。先孺人病噎，医不验，复徙居南郊公宅西偏二楹。十二月廿又八日，有先孺人之痛。先孺人病中，孺人服事左右，庶几孝谨矣。

二十九年辛丑，二十七岁。 馆平湖陆氏，而孺人抚一男一女以居。每昏，则置二稚卧榻，而篝一灯先孺人柩前，独纺常至丙夜。叔大母沈绝爱怜之，庶蒋叔母陆及诸妹或从暗中相警，纺如故。明日，以为言，曰："我时思见我娘娘，何惧？"

三十年壬寅，二十八岁。 吴江陈氏及新开湖二金生合而延予。主人既不文，三生亦不韵，复荒僻无门外之交，予得一意于举子业，悉陈先正时流所为文，一一比勘；分雅分俗，分正分偏，分古分今，如合诸卷，伪者不能欺予目，亦无一字得干予之肺腑矣。是岁，钱公卒。为具棺敛，并葬焉。

三十一年癸卯，二十九岁。 陈公颖亭延与其公子贲闻、发交共学。二月，以四卯葬先孺人于七十亩兜。是田故先都谏所售以充予修脯，予赎归。先茔之葬，既非先都谏志，而先都谏葬后，族伯少山葬其左，族叔君饰葬其右，先孺人不可以合。于是茔合圹于七十亩兜，先以葬先孺人，而虚其右以待先都谏。乃葬后多故，至今未尝合也。

先孺人服既阕，始就遗才试，县试第四名。时县令为安福谢公凤高，名虽稍亚，而意常在予。府试第一名，则嘉兴令郑公振先所取。时竞者日奔走名绅之门自鬻，名绅亦复假文字以收名生，心丑之，故心德郑公之知己，而终不敢以相闻也。道试录科，乡试不售。

三十二年甲辰，三十岁。 仍馆于陈。高先生来吊，得见。数岁馆谷所入，亦微有赢者，而孺人刻苦自将，抚二稚，虽菜腐不时食。是岁出痘，幸俱无恙，而调补徒熟酱耳。以此得置数十亩，兼有担石储，孺人俭德所致也。

三十三年乙巳，三十一岁。 馆夏瞻明。予既于乡居不愉，而卜居又复无力。偶城中学后一居北向而临水者欲售，价可数十金，与三从兄静我邻，力劝成之，半以贷母钱而力诎矣。是岁，葬外大母沈孺人。先是，外大父守耕薛公生两舅，字长舅弗慈，长舅亦弗善事其父母，挈其孥弃父母出走。守耕公没，先都谏迹长舅归丧弗戚，外大母依小舅居，小舅死，其妇改适，外大母无所归，则诣长舅出走处与居。先孺人日念之，生死不相闻，时痛。戊戌，遣予询故尝知长舅出走处迹之，外大母则既死矣，其枢存。先孺人于是岁遣予扣长舅归外大母骸，辄不许。至是，予窘甚，而舅妇死，长舅复老病，则使人告予葬外大母，予力弗能及而不敢辞，以清明节襄事，此先孺人志也。

时孺人又病疽，病实非疽，大都怪痰耳。而医者医之大溃烂，以至于疽，所食参蓍无算。浧儿又以赴馆过桥，为乡人负布花者所挤，堕桥下，右股断，更费数十金。是居不一岁而即贸之人，赁夏瞻明宅偏数楹以居。

三十四年丙午，三十二岁。　复偕赍闻兄弟读书于南城沈园。录科，乡试不售。七八月间，孺人大病，垂死，时泹儿已知事母病也。

三十五年丁未，三十三岁。　馆高氏翼光、昴光、轸光。是岁，以壬寅所得，皆沿门持钵，非自己面目，尽情抛撒，匠意抒写，所得不数首，然意思开发矣。高已具明岁约，而气岸各不相能，并当年辞之。

三十六年戊申，三十四岁。　馆枫泾。秋，迁馆于瓶山。是岁大水，所赢担石尽没。

三十七年己酉，三十五岁。　偕朱士翘读书于获秋庵。录科。六月，赴省自肆，舟中即时拈"谁能出不由户"题，而机轴枯涩，时复置之，至八月初，汩汩如，凑泊勉成"由户"一义，更成二义。而入场为雨所苦，候点之时，已淋漓透湿，入号舍复处下流，没至腰腹，困顿特甚。幸第一义宿备，遂酣睡。及午，《庸》《孟》稍稍点次为之。夜刻烛为文，以更为率。每成一义，辄小憩。卷毕，神思乃渐平复，展阅自笑，亦复沾沾自喜。场毕，归谓泹儿曰："当是第二卷文字。"果中二十二名，为元趾戴师本房第二卷云。询故事，云县公称门生，久当更之。予以为既久当更之，何如久而不必更为善，因不称门生。入都，仍更本名大中。

三十八年庚戌，三十六岁。　下第，读书于城北，夏晤顾泾阳、高景逸、薛元台诸公于徐元仗园中。

三十九年辛亥，三十七岁。 馆夏述明。是岁，执弟子礼于高先生。

四十年壬子，三十八岁。 高氏复来延予，予复馆于高氏。是岁，沺儿补邑弟子员。偕吴子往北上，寓香河北寺，时玉台先生为香河谕。

四十一年癸酉，三十九岁。 下第，读书于慈云寺，时有解。

四十二年甲寅，四十岁。 时赁夏屋居九年矣。所居前列十余楹，东枕小桥，即沺儿伤足处，面溪，溪边无容足之地，虚一廊以通行。循桥而西数十武，于列楹中启一径以通予居，径窄，行不可以并，又中凿一沟以通檐流。循径而入为三楹，则予居也。西一楹以对客，檐卑，俯而后可入，外廊割三之一以与西邻，其庭则南西邻溷秽杂置，篱落纵横如鱼籪。复迤而东南，并不能以三之一，东二楹环堵高称檐。东一楹为厨屋，势倾而东，主人于厨下斜设一木以支，家人出入其下，日数十俯。中楹之前为卧室，后截以置织具。西楹之后以通行，后更有三楹，高深广俱不能以丈，西以祠先主，中储书，东储柴而已。诸帘绳皆百年而上，黑脆垂垂。又址下而外崇，遇雨则上漏下涨，即晴霁亦湿以为常。己酉而后，又于径之东侧赁一楹，以居老仆。至是，有数生徒及门，更典三从兄卿云屋以居，并居诸生焉。以营典直故，家更蹙。寻病，而说经课艺，神益王，室人、医人、友人劝之，不少休。濂儿乏裈，从市肆赊夏布为裈，直四分耳，每索值，窘中不能应，每自笑。是年四月四日，洙儿生，犹在夏居也。（妙景，此况味，亦当千古也。）

四十三年乙卯，四十一岁。 元趾戴师补官文安，以书贻予，谓家人赴任过浙，挈予同行，两世兄共事予。窃幸早北，可以肄业，遂谢生徒弗受，而急泗儿婚，并为濂儿订陈贲闻婚。乃世兄迟迟来，又止二世兄来，而第遣其家僮相闻，舟径前。予既以诺戴之请，不得已买舟以前，遇于京口。盖世兄实无意于予，而所偕李生者，日酒食声色相谑浪，交相怪也。未抵文安，则李先以意通戴师，使戴师先怪予。乃予新买一仆与偕，后湛溺于赌，好酒，弗能其主人也，日过午而不能得饭者，时有之。予是时作"孤身万里，垂死空山"八字观以自持。偶有人索题壁，立斋歌以见意。乃是岁所诣文境，又自觉萧洒夷旷云。早冬间，吴子往入都，因辞文安去。

四十四年丙辰，四十二岁。 场前文思蹇涩，有曳白之虑。入场日，遂全不构思，引笔直写，谓免于曳白而已，而汩汩而就。灯下补稿，颇觉生动。乃人情以平日之蹇涩少之，即予亦自少也。囊中金尽，又所携甚不习，且离家久矣，试毕即南。至东阿，闻报，中二百九名，本房为等轩商师。赴廷试，赐同进士出身，三甲第十三名，观大理寺政。六月，选行人司行人，意有所不可，辄于众前否否，人摇首吐舌，不之顾，而遂以贾时人之忌矣。十二月，奉使谕祭衡府商河王，以二十一日辞朝。

四十五年丁巳，四十三岁。 正月，入青州。竣事，取道泰山，登其巅，拜孔林。三月，抵舍，轻舟微服，意思萧然。女氏归于曹，衿缡不具。

四十六年戊午，四十四岁。 予在京邸时，稍贷云卿兄金，无以偿，以典房旧值偿之。仍赁夏瞻明政和桥居，居其家人，而自还朝。十月，奉使同徐雅池太常册封代世子，即鼎渭，故代王所欲夺以与鼎莎者也。有所赠遗，谢弗受。同事代为强之，不可，云："渭、莎争立，费金钱多矣。此翻须令知中朝原自有不受金钱之人。平生之硁硁，又弗论也。"逼除，抵舍。

四十七年己未，四十五岁。 十一月，还朝，补考满。会礼部堂印久悬，明年始达吏部。

四十八年（即泰昌元年）庚申，四十六岁。 迩时行人尚阶八品，具疏移赠，寻奉使岷藩掌丧。岷固楚之南境，黔粤邻壤，暑雨中跋涉万山。事竣，以六月十有七日登衡山绝顶，蒙雨而上，至顶开霁，少顷复雨，信宿而下。道江右，访南皋先生于吉水。抵里，两奉哀诏。今上登极，予以俸满行取，相善者劝亟行，予曰：

"徐徐以听其自定。"

天启元年辛酉，四十七岁。 三月入都，杜门独坐，有来顾者报之；不来，虽要人不往。例，候考者于朔望日赴吏部揖，坚不往，而一时忮予慕予者相半。四月初七日，考选。初十日，命下，得工科。而要人之忮予者，以不得遂其忮，心大怏怏，群忮而党要人者，争眈眈而伺予矣。

时正值辽阳之陷，而王希泉以宿名为杨、李请命，竟得请。予不胜封疆之惧，疏劾王，群凶猖猖而起，予弗屈。乃王日仰于邹南翁，出入朝序，则隐其胁间，群凶又号于朝。王不得安其位者，且拉邹，而南翁日向余而琐琐矣。复走其信仆昏夜持书叩予，予弗夺。自是杨、李得长系，而凶类之疾予者日益深，中予名于内。已周冢宰中言者以去，张诚宇以御史大夫为冢宰，首推邹南翁为御史大夫。内方自有所属意，得旨别推，予辄疏争，人咸为予岌岌。会有继予而争者，南翁故得为御史大夫。而忮者益哑矣。是岁，督浚城壕诸监督，各费不等，予案文计费以报，费多者率自告减焉。

二年壬戌，四十八岁。 广宁失守，同僚议捐俸助煤米各五十金，惠元孺云："难为魏廓园！廓园于一切馈遗咸弗受，计吏望门却走。"蔡元冈云："谁教他弗受？"而予以工垣，岁数有金帛之赐，计九十金，诸受赐者咸怀之，以识钦赉。予以弗得朝夕菽水，邮四十金归，买祭田八亩，而适余五十金于囊，得如例。巡视节慎库，诸商工官胥或以予未尝为吏易之，其故尝为吏与未尝为吏者亦徒夤缘与共为奸利。一日，有投二簿领陵工银者，验其印文皆谬，立法之。而大司空王大蒙以为发其工部赝印，怼甚。又军兴旁午，诸商工官胥乘急为奸，大司空一切弗问，令悉白予，而予稍持之。又议筑重城于都城，京营长李公崧毓既以为长策，大司空又以为是诚在我，议费六十万金。按二八陋则，则诸胥当入十二万金矣，诸商工官所干没不可胜计。寇在远而虚縻六十万金于门庭之近，非计，顾无肯担者。予奏大司空止之，亦遂听之，然大司空益怼予矣。

又一时宵小悉集于乌程，乌程媚客、魏以自固，其所以媚客氏者至纤，丑弗可闻。诸君子共起而击之，予更为特疏。疏上，几不测。亲好日数顾，寻传为知是弗受书帕者而宽之，未可知也。陈老师赤石病革，往候，邹南翁在坐，愀然曰："不久恐有廷杖事。"陈师病，举体振撼不宁，侧身向外稍展，而俯其首，执予手曰："汝打不起，今后莫做狠本罢！"陈师督学浙中，两试皆不甚前，而道义骨肉之感如此！时王绍徽处西北而号召东南，在朝在莽，实繁有徒，冢宰实阴用之而护之。至是，遍择抚臣缺，予纠之去。每犯必群凶之尤，一时以为予有发必拔系驴之橛，而实犯众怒矣。

奉使福藩，册封王妃。使竣，道嵩山，宿少林寺，阻雪，冒雪寻达摩面壁石。抵中牟，福藩复以五百金致馈，不受，复书劝令稍广以助辽饷。是岁，外母卒，孺人身其丧。先是，外父母生一子而骄畜之，外父卒，子未成人，已骄不可训矣，而外母护之更甚。护骄子既甚，而所苛求孺人者复大不堪。衣衾之属，岁具以遗之，立授其子供一掷之费。计朝夕供菽水，则朝夕嗃嗃。哭念其子之饥，具粟以遗之，亦复供其一掷耳。孺人不胜遗，外母不胜饥寒，子愈益骄，嗃嗃苛求至于死。

三年癸亥，四十九岁。　新正，抵里。□月□日，升户科右给事中。邑中苦兑运，奸胥、奸里、奸军相比而勒民，民困。予从奥邑父母，不问官民二户，复九石八斗之赠为例，更无名之费不赀，一切裁去。时邑父母既不甚健，又阴从而挠之者多端。虽官绅间有之，所以左右邑父母者颇力。后岁，葱岳王公抚浙，藉其力，凡浙而漕税之地，画一为令，岁可留数十万石。甲子大水，米价不甚涌贵云。

予自度取怨于世已甚，有休焉之志。而同好以君子道长，宜出。勉为北行，而时倦而欲还，乃二三蠢仆无一可遣以缴节者。途中接邸报，又以□月□日升礼科左给事中，遂抵都下。一时仁贤颇相信，初志渐隐矣。冬至，陪祀南郊，会有巡青之役。京师小民以报商为苦，而旧商、衙胥、中贵以报商为利。于是京场各商按例不报，其外各仓场有裁而无报，报者认者同至，间一易之，新商困，或即并之旧商，人情帖然，占价较往岁省四万金。往青役无羡，予不三月存羡金八百余。又却青荐之谢，先事者以为形其短，殊嗛。时恤典滥冒，请乞无已，一引《会典》裁之。虽大有力，甚有口者弗顾，益滋怨矣。

四年甲子，五十岁。 先是，某者御史为大理丞，不数月迁少卿矣，又不数月而冀以金都协院。时副院则郑公元岳，金院则杨公大洪，席俱未暖。某欲迁金院，则跻杨为副，而迁郑为户部侍郎。予以一时副金称得人，官固未尝缺，无故出郑公于户部，人情亦不堪。即吾辈任事当在人先，迁官当居人后，若吾辈不以恬风世，于皇上御门之顷，特出面恩取忌，品亦不光。予自以为朋友切磋之道宜尔，而闻有二心矣。

逆数是岁之二月，吏垣都谏程芸阁当升，序属刘弘化。弘化于冬间即微以艰闻矣，序当属予。而某不便予之居斯地也，令且讳刘之丧，而急贻书于阮大铖，令急来，时阮移病未半年也。阮资虽在予前，而尚为右给事中。阮至，而程始升；升后，复以刘补；补刘之后，阮转左。会江北铨司缺，某意属何□□，阮意属曹履吉，公论以属宿望程我旋，程后徐当补何。而阮于某格格也，则又倏而推升周士朴，出工垣缺以待阮。阮大恨，急图于故所结兄弟傅继教，嗾弗下。而某又阴卸，以为是予欲之，而予弗闻，阮故弗善予，及是，恨滋甚。于是刘之丧闻，而阮补吏垣矣。阮既补，予以阮故未绝于吾党，凡事诚意相商，必不至大决裂。乃某意既弗善予，复不善阮，欲乘此两去，而更有所属。会西江诸子以邹公匪石调铨事弗得与闻为耻，阮因合章允儒，并合黄正宾、陈居恭，共构之，而操江熊明遇复怏怏于弗得骤迁，令图予，并图浮丘，而傅櫆之疏稿具矣。櫆稿具而阮始辞朝，予疾叩冢宰，停数日且弗推，冢宰既诺之矣，乃以是日升予。十八日，予升吏科都给事中。十九日，傅櫆疏上。

时魏阉如涿，祠元君，阮留涿，燃秸相拜，作竟夜谈。櫆既结继教为兄弟，为内应，复伺魏阉于道左以通款。阉甫至，而櫆疏下，汪文言逮矣。闻是日且并逮予，而旨下乃有"新擢首垣，不得轻诋"语。予疏上，又得旨"着即到任供职"。遂以廿六日到任，于二十七日鸿胪寺报名面恩。乃二十八日，忽于朝仪起数奉有"互参未明，何得到任面恩"之旨，举朝惊诧。二十九日，予有疏席稿。三十日，复奉有"到任供职并免面恩"之旨，然予之去志决矣，徒以汪文言事未明，暂奉旨且留。会杨公大洪二十四罪之疏，严旨切责。六月初五日，予具疏公纠，立顷传票降级调外。语未竟，复传锦衣卫拿了。阁臣韩公象云云："一刻两传，如何遵奉？"调旨罚俸，而游于羿之彀中者屡矣。予于是决计归，直须文言事竣，而某嫌于共事，不能独留，谓予徒龁之使去，则以计典近，教同志者具疏留予。小臣屡奉明旨，谓义不当固辞，遂锐意以澄清计典为己任。会于奉旨禁馈遗之明日，发霍丘之馈，而人愈侧目。御史大夫缺，营者多营之内。予一意推景逸先生，谓人既内营，推之自外，疑多不下，不下，将廷争焉；若争，须为天下第一人争耳，他人不足争也。既而得旨，九月朝审。时枢辅请宥辽左失事，得旨，贷以不死。于是朝审日不列情真，第云候旨。竣事，大司寇传簿画题，予以恩贷出自圣意，朝审自是明刑，坚不画题，并为刑垣具公疏草而议定。

会晋中缺巡抚，尹同皋、潘云翼欲得其座师郭尚友，郭先有贿人程芸阁，程辞之而复至，颇有闻。冢宰既不许，秦人则思用惠公元孺，齐人则思用周公衡台，乃冢宰则自与夏绳北定一清恬之谢公凤高矣。谢旧令予邑，诸弗得者咸以为出于予，嫉予甚。陈九畴因为人所用，尚未显攻予也。会十月之朔，阁臣广微颁历则不至，太庙则又后至，予陪祀，同陪祀四科臣纠之。广微不能不折于予言，而九畴其乡人，因列疏攻予矣。十二日，予即于部院覆疏降调。十五日，策蹇南旋，冢宰、御史大夫疏救，一时俱被逐。沈年兄炎洲公疏首，俱逐。自是，少宰陈公中素、杨公大洪、左公浮丘等黜逐褫夺，翩翩而出国门，无虚日矣。是岁，楠孙生，葬姚五姑。

五年乙丑，五十一岁。 予一意杜门谢客，而邸报中声息汹汹，不敢宁居，仓卒与濂儿毕姻，以四月十一日。二十一日而逮者至，二十四日就逮，士民号恸者几万人。道姑苏，周公蓼洲出，盘桓舟中者积日夜，以其季女与楠孙缔婚焉。高先生既前候予于平望之南，过锡山，复送之高桥之北，纪其言为《高桥别语》。

　　先君闻难后，扬扬欢笑如畴昔，而一出于真。洢等悲忧填膺，睹颜色辄亦欢笑，不复知大厄之在后也。五月五日，舟过锡山，陈发交携蒲觞相饯，欢笑竟日。初六日凌晨，遣濂归，行纳采礼于周蓼洲。惧洢尾舟而行，或为缇骑觉也，遣雇小舟先发。洢别而北，濂别而南，草草分散，不料自此竟长别也！于乎痛哉！

　　六月十二日，槛车经良乡，遣奴鸿飞以此谱授洢，诫勿求见。十三日入都，羁锦衣卫东司房。十六日午间，入北镇抚司狱。越十日而杨公至。二十八日，许显纯、崔应元奉旨严鞫。许既迎二魏意，构汪文言招辞而急毙之以灭口。对簿时，遂龈龈如两造之相质，一拶，敲一百穿梭，一夹，敲五十杠子，打四十棍，惨酷备至，而抗辩之语悉闷不得宣。七月初一日，旨下，则直云六人伏辜矣，

仍着北镇抚严刑追比，五日一回奏，闻者莫不丧
魄。外魏佯请赴法司以解于众，而令内魏故留中，
以瞽台省之将言者。

初四日，输三十金，显纯概不用刑，以用刑
闻，且请从辅臣言，盖聊以市德云。时躬输金之
役者，旧邻刘启先也。往僦夏氏屋以居，为比邻九
年。缇骑至，洒涕请从，遂更名姓，杂诸仆中，周
旋艰险，与此事相终始。挈金以入，见先君于庭以
出。出则沺私喜过望，谓："派赃有至四万金者，
而先君独三千有奇，似属末减，且金又似可徐徐输
也。"及旨下，切责显纯。初比概笞十棍，旨下，
仍切责。十三日，同杨、左各三十棍，先君自此遂
大困。显纯又限五日再比，所输数更日增，沺惴惴
惧不给矣。十六日，旨下，又切责，显纯、应元各
降一级。沺惶怖绝望，欲代刘执输金之役，一见先
君，刘苦相尼。十七日，刘入，先君俯相劳苦，
且辞曰："惫极矣。未刑时，茎茎毫孔俱疼，殆不
能支，姑毋令吾儿知也。"刘微以沺意告，先君大
惊。比输金，杨、左受严刑，余四人宽免。刘出，
沺又私喜过望，叩首谢刘，谓毒盖偏有中矣，急奔
定兴江村，告贷于鹿太公。太公义至高，然家故清
窭，展转旁贷，仅得十五金。沺未至，大公先已传
告同好，深乡剧贫之士，素不通姓名，争贸所有以

相应，许显纯宗族多与焉，然汇之曾不盈五十金。泪且感且愧且悲，急奔至良乡，讯十九日消息，则六公同被酷刑，一如初鞫时矣。

二十一日，奔至城，则当日又同杨、左各三十棍。泪狂骇惊怛，不知所为。究其故，则倪文焕以细事忤中贵，赖崔呈秀以免，急攻蓼洲媚之，中及缔姻事，蓼洲褫而先君之祸遂益烈。暂宽忽严，倪文焕为之也，於乎痛哉！二十四日，刘入，先君不复能跪起，荷桎梏平仆堂下，刘膝行而前。见额帕垂覆目，因整之，背半露，掩之，群蝇咕腐肤，驱之。问："安乎？"曰："病，病甚！""亦强进粥乎？"曰："勿言，勿言，促我儿逸去。"刘不觉哭失声，众呵之出。是日，又一夹，敲四十杠。刘请于里门卒，隐垣隙窃窥，初犹闻痛楚声，已殊寂然，刑毕，拽入。少顷，显纯令管事二人进狱，久之方出，众莫测其所为，但闻杨、左、魏已舁至后监。二十五日，菜帖入，不复出矣。杨、左以是日报亡。二十六日，报先君以巳时亡。然终不知死期与死法也。於乎痛哉！

时天暑发雷，相验领埋之旨，故迟迟不降，而东厂卒日巡泪寓如织。三十日，始差官发尸，偕杨、左从牢穴中出，骸涨而黑，炭炭有零落。忧急，并秽褥卷之入棺，无论饭含弗及，并不得凭身一恸也。於乎痛哉！八月初九日，不孝男学洢扰血谨识。（阳明先生诗云："为臣为子情何限？夜夜涛声泣伍胥。"呜呼，千古同一泪也！）

将赴浙狱遗友人书（附录）

权阉之杀忠良也，以什伯计，有死贬所者，有死狱中者，死杖下者，有死东西市者，然皆随刑随毙，随毙随殓。虽或身首异处，犹能补缀成尸，使妻孥相抱一哭，而后盖棺，亦不幸之幸也！未有若先子之备尝惨酷，未死而蛆蚋生肌，既死六七日，犹故缓其旨，俾尸腐牢穴中，不使一寸肌肤获黏残骨入木者。足下读书万卷，见古忠臣之死，有惨毒如先子者哉？矧其人既死，坐赃三千三百，度其家无四壁，势不能偿，必至巢卵俱倾、根荄尽斩而后已。洢尝中夜环走，恸极成癫，谓前此设有人焉，挺躬仗义，贷以多金，使得如数以输，及期而纳，彼纵急不在赃，犹得出诏狱，入法司，使父子相诀而毙，不至割绝伤惨，遂至此也！岂意遍告亲知，百无一应，推委迁延，备极诈狙。独范阳长者高倡醵金之议，深乡酷贫之士，素不通名者，莫不典衣鬻物以相和，然多者不过十余金，寡者数十青蚨而已。伯夷有难，岂颜回、原宪所能助哉？已矣，勿复言矣！

昔人谓"廉吏可为而不可为"，犹谓妻子贫困已耳，今则枉刑坐贿，罪延其孥，清白吏子孙，其受祸有什伯于墨吏者。福善祸淫之说，岂特不验，且复倒行逆施，茫茫天道，尚可问耶？今追比伊始，将就浙狱矣。先子罹祸，人不手援，岂先子既殁，犹有出而援沺者哉？即或有之，顾昔不能活父，而今以自活，沺实痛之，不如速死之为愈也。嗟乎，怨哉！司马迁羞贫贱，轻仁义，沺颇怪其缪于圣人。乃今知其不妄也。《货殖》《游侠》诸篇，焉得不传千祀哉？

先子死，当葬首阳山侧；若沺死，须葬要离冢旁。天地鄙狭，莫可共语！昔先子槛车发平望，啧啧奇足下不置；侨良乡，宾客傔从，俱似遥领足下意者；及扶榇南返，又闻经纬甚悉。慨然叹足下义士，故刌血布此。知回、宪无力，不能援伯夷急难，苟存此心，亦足慰先父与不肖之双魂于地下也。临书哽咽，不能更言。

顾尘客先生自叙

予自丁未幸第，选闽泉推官。时按台缺，抚台徐学聚被论候代，一切以情用事，监司而下，尤而效之。予锐意政事，遇事辄攘袂争，争而得者十之七，然犹郁郁不乐。得奇疾，弃官归，遇外家立嗣事，颇任嫌

怨，卒捐外父所赠以明志。家居三载，改常州教授，丁
父忧。丧毕，见正人日就摧残，慨然曰："昔贾彪不入
'顾''厨'之目，卒西行以解其难，予向与东林疏，
此正可以彪自况也。"补国子博士，颇为世道效力，人
皆不知。后以同事诩其功，予名亦渐彰，为人所忌矣。

戊午，升刑部。己未，以便差归。辛酉，复入，则
世局一新矣，而南昌为相，颇与言官构。予托友上书，
劝其先归主权，则相权自重，言路自清，逆而行之者，
祸也。南昌叹息而不能用。予旋以试事赴西粤，归朝则
壬戌春矣。福清与南昌小嫌，群小浸润之，予直言转福
清之听，西溪佐之，卒善南昌之去。而予与南昌向竟未
识面也，去之日，乃一谒之耳。南昌益叹息。

时广宁陷，重臣道将俱逮，王纪为大司寇，必欲以
大狱属予案定。已予启调仪司，为王所留。时诸正人以
经罪稍薄于抚，予初亦从之，然不能坚也，卒以此祸。
然祸源岂王此哉？盖自国博时胎之矣。群小潜予于珰，
谓王纪攻渠诸疏，皆出予手，予无崆峒之才，而有其
祸。自此始也，释奸细之假者，而原参台省怒，辩刘一
㷜非南昌族，辩佟卜年非叛人，而举朝怒者十之七，予
祸不可解矣。

是秋，调兵部。是冬，有连疏攻予，且有以奇祸中
之者。至癸亥夏，得白，告归。甲子秋，调起礼部，予
赴命北行，而时势大异矣。亟求一臬以出，卒不免逮

讯，颇困于刑，得良方治之，疮稍合，已而有法司定罪之命。

自叙刑曹事七条

自天启辛酉，辽阳失后，京师五城察院暨京营科道日以捉奸细为事。及至送刑部，其稍有影响者，大率论辟矣。其绝无影响者可二百人，司官明知其无辜，则高庋置不问，恐得罪原参官也。已阅数印君矣。

及壬戌三月，予署山东司事，查前之二百人者，率皆以饥寒瘐死，尚存五十余人。予启尚书王公曰："以某一人之命，易五十人之命，某尚便宜，况以一官易五十人命耶？"王嗟叹许之。即日会同事者原雪之，止留三人：一则自供甚悉，不待刑讯；一则虽非奸细，乃假印人也；一则证佐未备。余悉开释，送大理评允而纵之。原参台省有怒于礼者，有怒于辞者，有怒于文移者，予悉录谳词，托人致之，无不咋舌曰："此老吏之笔，勿与竞也。"予是以得免参论，而台省视予为畸人矣。

兵部尚书行边张鹤鸣奏杜茂、佟卜年谋叛事。大率谓卜年为河间知县，茂匿其衙中三月，相与谋叛，乃遣茂同其大管家、二管家往李永芳处，相约为逆，词证甚具。王尚书问合属曰："见杜茂招否，何如？"众莫敢对。予揖而言曰："此只依原招断之可耳。"王曰："尊意云何？"予曰："二人同谋叛三个月，其情必亲于骨肉矣。以理言之，尚当出妻见子，岂家人小厮名字，尚不知耶？今闻杜茂在外审过五六次，夹十余棍矣，问其大管家、二管家姓什么，他终不晓。岂茂果僮昏耶？况同往李永芳处，往返数千里，而不一问姓名，尤可异也！"王大笑，司官中有欲下石者皆息喙。杜茂者，实陶登抚门下千总，给以千金，使之募兵者也。茂颇浪费，惧不敢复命，乃匿于苏州一寺中，被番役擒出，诬以奸细。其及卜年者，盖其得入陶幕，或卜年荐之也。

壬戌七月初，司审杜茂事毕，王尚书问卜年当得何罪，山东司印君朱大典不能对。予曰："虽非奸细，然实是佟养真族，坐以叛族，流二千里可也。"王嗟服。

七月十四，王以成佟招违限，得严谴。署部事者右侍郎杨东明也，不问司官，不会大理寺、都察院堂上官，径将原招自改，于十六日上疏，大率谓卜年系□□同族，每岁拜金世宗墓，宜诛。予同寮友潘员外面折之曰："此言何从得耶？"杨曰："闻之人言。"予曰："刑部招，但有审得云云，未尝有闻得云云也。"疏已上，本司朱大典员外尚不知。朱闻，惶遽追而返之。

七月十七日，杨升堂毕，揖合属于法几前聚议，非故事也。故事：火房议事，升堂作揖而已。杨问曰：

"闻获熊某者即获佟某者也，其中机縠何以相通？老夫请问之诸公。"同僚三十余人同声言："二事各不相蒙，无以仰对尊旨。"杨问不已，予揖而前。杨曰："公有所言耶？"予曰："老先生所问，非属官所知，安敢有言？但老先生欲知此事机縠，张凤皋老先生在城外，折柬一询之足矣。"杨语塞，盖此语即张教之折问属官也。值同寮汪君词过激，杨乃语侵汪以自解而散。

七月十□日，杨未升堂，在火房问合属曰："佟养真前以谋反论，则卜年非叛族，乃反族也，反族当论斩。"予直前揖曰："按律，反族不同谋不同居者，只期亲论斩，余不坐。"杨作色曰："谋反夷三族，何论期亲耶？"予和颜色对曰："员外所执，乃大明律，老先生所执，乃汉律也。"同寮命吏检律谋反条呈杨，杨无以难。

狱中杂记五条

一入诏狱，声息俱遥闻，不能觌面，是即死也。何天玉云："在诏狱写单，索饮食于外，譬如祖宗之显灵。家人送食，传单而进，譬如子孙之祭享。"非久困于狱者，乌能描画至此乎？

予入诏狱百日，而奉旨暂发部者十日。有此十日之生，并前之百日皆生矣！何者？与家人相见，前之遥闻者皆亲证也。予既叨此一百十日之生，视彼先逝者已幸甚矣，复何忧哉？复何恋哉？

偶作一联云："故作风涛翻世态，常留日月照人心。"自志也。

诏狱所苦者五：拶也，夹也，棍也，钮也，镣也。所耻者五：囚首不冠也，膏药贴指示伤也，跛一足亦示伤也，彼高坐谩骂叱咤也，我蒲服擎跪也。有此十者，即无追赃之苦，有幸生之路，丈夫犹不再辱，况兼此二患乎？予以五十死，犹胜死耆寿而无子者；予以不祥死，犹胜死牖下而无闻者。

别同志绝笔

云阳市告了假，才十日耳！弟不屑为妻孥计，吾兄亦不必为弟身后名计。但念古今有托孤之谊，故聊复及之。（哀哉！）

缪西溪先生自录

生平节略拈出与儿辈知之。

吾母先产两兄，皆痘而殇，一弟又殇，予故以独子受怜，自提抱以至髫龀，抚之不啻掌珠也。七岁入家塾，十一岁开笔、习举业，稍露头角。师为孝廉夏维卿先生。十四岁赴童子试，县令楚麻城刘公（名守泰，号凤嵋，辛未进士）。见而赏之，置一等，曰："是子幼，乃具史笔。"予感公知，至今不忘。十五试学台，不录。是年冬，大父东渠公殁。明年，家难起，其冬，吾父与二伯澄湾公俱就御史台系，外舅复庵李公亦同日系，李祸在里豪，予家祸实与豪连云。明年春，以童子试，县令闽韶安胡公（讳士鳌，号葵南，丁丑进士）大激赏，拔第一。顾问左右："此子何家产？"左右以吾父对。公曰："此其家当不恶，何以有今累？"因廉知吾父、伯冤，立上书主狱苏州理郝公（讳瀛，号渭阳）。吾父、伯事得尽白，并根究其造孽者，而吾父得称为布衣完人矣。胡公之知吾，千古之知，而其恩吾家，百世之恩也。自是县府录考，复连第一，入学第四，学使者郭还一公也（讳庄，江西徽州人，戊辰进士，以庶常出）。是岁，万历之戊寅，吾年十七。

辛巳，年二十，始成婚。其年岁考十二名，补廪。壬午，录十四名，学使者李会川公也（讳时成，湖广蕲水人，辛未进士）。予以天启辛酉典楚闱，以报命还里，取道蕲水，公之墓木拱矣。登其堂，设位拜之。壬午之试应天也，胡公以解首相期，悬灯于署，以待一捷。乙酉、戊子，俱以二等试应天。至戊子，而予之揣摩已就，南昌罗柱宇公（讳朝国，癸未进士）以青浦令分考，取本房第一。公署其卷云："近试郡邑青衿，独子为快士翘楚矣。"阅卷者两司李：云间理李公（讳雍，号中石，丙戌进士），吾常理张公（讳鸣冈，号见庵，万安人，庚辰进士），二公皆有非常之目，予终身师事之。癸亥春，以河南封差还，过永城，得展拜李公之堂。然己丑观风之卷，实脍炙一时，至今犹为士林所诵。

自是，予名益起，五试观风皆第一，而吾常理闵公（讳廷甲，号翼墟，湖广蕲水人，己丑进士）每试必搜予卷，置之第一；而京口理南城张公（讳时显，号新屏，丙戌进士）礼遇加隆，诸公子孝廉曾相遇于公车，讲通家。自丙辰以后，予栖迟里中，再入京师，不复相闻，恨无从一讯也。辛酉，过蕲水，一凭闵公之棺而哭之。时公举乡贤，学使者迟其报，予属尹淡如丈转属之湖北道，竟得报。淡如答书云："使者方代，得之瞥尔。"此其事甚奇，然公不独知吾文，且念吾贫弱，保持吾门户，吾报之未尽也。

辛卯，学使者海澄立台柯公（讳挺，庚辰进士），录第一，复摈斥，吾年三十矣。甲午，县试第一，将就府试，而吾母已病噎，视病势日甚，遂同衾被卧起，视汤药者月余，母病竟不起，痛哉！先是，吾父遇难之后，痔血下注，中血下削，遂得痿症，卧床褥者十五年。吾母手操管钥，予外持门户，父是以得安枕席。及吾母之亡，而吾父朝夕靡恃，予忽忽不欲生。明年乙未春，勉举母殡，权厝于赤岸之阡，请赵文肃公志。丙申，授馆于泾里顾氏，而吾父于中秋之夕忽得便血，急归视之，见神小异，不胜忧惶。时学使者南昌陈公（讳子贞，号怀云，庚辰进士）科试第六，父悬望一捷，而丁酉之二月，父不起矣。连遭两丧，生气俱尽。复以是年冬，举父殡，与母合窆焉，请王驾部澹生公志，志皆未勒石入隧。意俟异日赠典稍进，以阐我二人之幽，并勒入隧。不谓逢天之谴，并夺两赠，此不孝之死不瞑目也。奇祸至此，人人有风水之疑，吾亦不能坚持，而其仍其改，听之子孙矣。无论其仍其改，勒石不可缓也。子孙念哉！

戊戌，年已三十七，而文思益溢发，从游者日益进，汪大行邦柱与盛孝廉世才同来游，予之契如石，实真赏也。己亥，前令胡公守青州，以予文示冯文敏公，文敏击节曰："此馆材也！可召致青社，为吾家子弟师乎？"胡公以其意来促驾，于是青州之游，馆冯塾者两月。文敏以少宰入，胡公以珰祸罢，予乃罢馆归。文敏为我点课极精细，临别券我必捷。

明年，举应天二十一名，时年已三十九矣。本房西安徐公（讳可求，号观我，壬辰进士）以上海令分考，得予卷甚晚，举示同考浮梁陈公（讳大绥，号赤石，乙未进士），两相击节，呈主考晋江黄公（讳汝良，号毅庵，丙戌进士），公大赏异。时本房头卷已定元矣，故得二卷。副考长沙庄公（讳天合，号冲虚，己丑进士）赏如之。是榜多名士，予亦时名中一人，三师甚喜，皆曰："门生光座主矣。"予逊谢不敢当。同年顾朗仲一见莫逆，其古学古心，予逊而推之，定为石交。后朗仲死，予不胜山阳之痛，至今过虞山西麓，不忍入藤溪寸步。有季女适其季子，盖朗仲在，予有一言之盟也。朗仲殁后，家益窭，予收季子而馆之，力不能为治恒产，亦吾未了之事也。

予为诸生二十余年，乡举十余年，不营产业，公车之费不赀，家日益落。至癸丑，无以治装，谋之虞山诸友，得三十金以行，其困苦如此。幸博一第，已五十三矣。本房为今礼部会稽钱公（讳象坤，号麟武，辛丑进士），以《春秋》分《易》二房，同门二十一人，予为第二卷。师题其卷曰："先甲之而后乙之，殊自呐呐。"盖实录也。拆卷呼予名，同考皆为公贺，而主考福唐公曰："此人老名场，终被我收拾门下。"予见钱师，师首述其语，以为馆选机云。会三十一名，殿三甲五十四名，格当得县令，予才拙不称令，欲改从教。或曰："尚有馆选一途也。"是年八月，选得第七人。同年有不得者，倡为金沙荐举之谤，而东林之目自此起矣。金沙者，于如庵玉立也，时方为人弹射，故其人以此謷予，且曰："顾泾阳先生知我，以小友进我，我真东林也。"予了不为动。初试阁第二，实福唐公首取，移置二者，惕于前议也。自是四试皆第二，后得第一，留馆中。故事：吴、浙、闽三方非一不得留也。嗣后福清为政，意有所向，而故抑其名以镇外议，而予名即后，不出四五，忌者眈眈矣。而少年睨之者并不乐予：予贫不能征逐饮食，僻不能韠韡侯门，王家二三少年且厌且恶，予日坐针毡中惨惨也。

至乙卯五月，而梃击之事起。其事有心者所共知，不具论。疯癫不疯癫，予不知，独以为光庙之在东邸，仆御不设，一男子阑入如无人之境，两三老珰尽气力抵，赖天之灵，宫庭无恙。光庙差阉韩本用告变于上，其辞曰："皇爷可怜。"此钞报所共传也。旨既下，部拟依回，连朝不决，而提牢之疏始上，上为心动，犹豫不发者十余日。乃得圣谕，于"疯癫"之下特加"奸徒"二字，又有"奸宄叵测，行径隐微"之语，圣心晓然有当于提牢之疏矣。义兴三疏，词严义正，上赫然御慈宁，置三犯于理，人心帖然服大圣人之举动也。

予故语人曰："一卯金以'疯癫'二字出脱乱臣贼子；一卯金以'首功奇货'四字抹煞忠臣义士。"此语传，而倡疯癫者恨不剚刃其腹矣。而同郡某日走要门。蜚词交构，所构不止予一人也。而眈眈者乘之以假手于其乡人，于是有工垣刘文炳之指摘，因逐崇仁而带及也，疏语云云。时丙辰之五月也，予方拟授检讨，候旨久不下，初疏犹称癸丑馆长，不指其名。予义不受辱，具呈引疾，恳院长南昌刘公代题，方待勘结，而拜官之命下矣。时予已移出城外，而刘疏指名再及，惟恐其行之不速，亦为人所迫也。予出一揭应之，人以为辩而平，归而杜门却扫，灌园课子，颇自夷犹。

丁巳内计，忌者复修前嗛，予与虞山俱在拟议，赖掌院南昌力为保持，两俱得免。后跧伏者又四年，南昌移咨各处，催久告之在家者，其意专在吾两人也。会光庙登极，不无利见之想，而夜得一梦：方竭蹶中途，忽闻晏驾，手中有二白笔，头撒不可合，遂掷去，因痛哭伏地不能起，觉而泪痕犹在面也。其明日，得报，遂有鼎湖之泣，异哉！今上登极，予以正月戒行，至三月抵都，补故官，以四月到任拜官。及六年而始任，亦衙门之所创见也。

时辽阳陷没，汹汹惶惶，举朝失措，而海内岩穴起废之士日渐以集，顾未有出身当一面者，每朝会，束手相叹而已。阁臣被召者未至，南昌以次相当国，蒲州肩随之，两相甚和衷，而意在于收召正人，日汲汲不暇。诸小之不利于反正者，日伺其短，而思逐之矣。然持事过执，见事稍缓，亦间有不惬人意者。予受公知，莫能助也。

六月，有楚闱之役，力辞不获，举士九十八人，所得多名士，联第八人，而予取第二名文安之得馆选，为署中眉目，录文一序一，论规楚风而忧君德，良有微意。余文自予出者间润色士子，而一三五策，皆钞撮成之，病不胜也。一论遂犯深讳，祸自此种矣。

十二月，还报，则福唐初入，南昌及周汉阳以一疏并逐，而时局又一变矣。初见福唐，极言尽规，谓："南昌、汉阳不应逐，内传不可奉。"公曰："上所传，何敢不奉？"予曰："吾师三朝老臣，始至之日，以去就争之，必能遏其渐也。若一传而放两大臣，后不可复止矣。"公默然。予乃曰："南昌用拙而体直，于师实无他肠。"公始怫然，而予徐申其说，色稍解，盖师疑南昌之拒其来也。南昌亦自取之。于是屡疏请放，得旨改温，南昌自喜差存体面，予不以予言告也。南昌去后，言者不止，而亦不行，每归德于予，不知何人传之。嗟乎，南昌逐而势重不可返矣。福唐恃其权智，可笼可愚，时亦有所补救，而卒不能遏其横流，岂非天哉！

自广宁既失，经抚之议，日有纷纭，予时为无纵无觭之论，福唐渐远予矣。时珰营坟于玉泉山，遣人乞墓碑于予，予拒之，彼又再三促予以寿宁事为鉴。予曰："寿宁曾困李献吉，今日寿宁安在？"珰闻之，愤益甚，而祸自此愈深。

壬戌，廷试，予备受卷官。五月，题管诰敕。七月，补经筵展书。□月□日，补左春坊左赞善。随以□月□日廷遣册封诸藩，予往河南之建德。故事：藩封无过五月者，以秦藩溢请，不得于部覆，故久持不下云。予以□月□日出都，十二月，至禹州、成礼，藩馈无所受。明年二月，还里舍，栖迟者一年。甲子二月，还报，□月，转左春坊左谕德。

时高邑秉铨，锐意澄清，执政无所关其说，福唐以下多不悦。福唐故坚卧以迟之，而言路之窥伺者起矣，于是遂有江西之事。及应山疏上，予适过福唐，湘州李公先在座，福唐曰："大洪这疏，亦大容易。彼其人于上前，时有匡正。一日，有飞鸟入宫，上乘梯手攫之，其人挽上衣不得上。有小珰赐绯，叱曰：'此非汝分，虽赐不许穿。'其认真如此！恐大洪疏行，难再得此小心谨慎之人在上左右。"予曰："谁为此说以欺老师？可斩也。"福唐色变，予先起，师先送予出。

其语闻于应山，应山愤愤。福唐闻而书抵李公，大约如前指而淡其词，但辨未尝抵大洪之短。应山益愤，即欲发抄，予闻力止之，福唐不知也，而含怒于前语不解。

先是，应山疏上，言者响合。福唐亦密具一揭，讽上准其退归私寓，过加优渥，比于大臣勋臣者然，则上不失恩意，下明其退让，两得之道也。揭入，大拂内意。福唐惧，思有以自解者，乃扬言此揭非出我意自为，门生所迫也。而流言自此起矣，且谓应山之疏出于吾手，不知何人所造？而忌者附会其说，益不可解。福唐归途逢人告愬：“西溪骂我，彼与大洪二人日夜往来。”正与代草之说相呼应，以实其出揭非本意之言。嗟呼，福唐名宽大，岂真欲杀我哉？不过借以自解，而予遂不可解矣！而借福唐以用其杀手者更惨矣！盖予谓此说可斩，属之于欺老师之人，则明明不指老师矣。福唐岂不知？故曰借以自解也。然“可斩”二字虽不指福唐，亦自碍耳，则词气之失平，宜任其咎矣。福唐于我，不为不知己，予自童子、诸生，凡有司一字之褒如前所称者，终身不忘，况于登进者乎？况福唐之为辅，何至可斩而出之予哉！恶规喜谀，福唐亦太甚矣。而内外之欲杀者则又以蒲州之倾心我，而疑其票留赵、杨、左、魏，我为之左右也。不知蒲州之好贤护善，自其天性。票拟何事，可容他人左右乎？蒲州之作用，诚远逊他人，乃断断无技，休休有容，古称一个臣，蒲州近之矣。高邑素知我向我，秉铨之后，强半杜门，予亦不敢数数，间有荐引，皆名流遗佚，自是夹袋中人，予第一从臾耳，不图其亦以此招恶也。

朱乌程久弃乡曲，输肝吾党，以七科前辈，忘分下交。戊午之岁，操丹远访，扇头之赠，托契良深，一入朝而神情大变。梁溪为高邑门人，所不得之高邑者则嗛梁溪，不得之梁溪者则嗛我，因巧离我于福唐。彼亦久负东林之目，思自解脱，而示离于我也。余人瀹瀹，所不论已。祸机之来，凡百辏集，岂非天哉！左、魏之被言也，闭门阒寂，予时时过慰之。赵、高、杨、左、魏等之逐也，长班阻我勿送，予曰："人被逐，可不送乎？"明知为诇者所得，予弗避也。南篆之推，有小珰到阁，厉声曰："此人还留他送客！"遂阁不下。越数日，请告，传旨闲住。抵家，而赵南星等十五人俱削籍提问，追赃之旨下矣。

当是时，吾固知其祸不止也。何也？有代草之说而安得免？宜其有今日也。予亦不以求免而辞代草也。尝语人曰："北地之代洪洞，自其属官耳。使北地在词林，亦不为洪洞具草。"况应山之疏，多有可商，使予操笔，应不如此。若应山之功之节，虽百世可灭哉？宫不早移，祸不待今，翻移宫适所以伸移宫，造物之成人巧矣。辛、壬之际，应山家居，见宫府异事，不胜愤恍，辄推案起曰："吾必请诛此奴，以报先帝。"癸亥之出，托少子于其友，御老母以行。其矢志也，固不专为江西事。然疏之始上也，桐城实赞决之，而示几微于我，我答："非可草草。夫击内者，只争呼吸耳，一不中，而国事随之。况今日内无永□，外无文襄，可几幸乎？"桐城默然。又三日，过应山，方注籍，心疑之。疏上，而逆知有今日也，皆天也。

就逮须臾，诸子皆疏劣，不知吾之本末，随笔漫记，都无文字，粗具公私之概而已。须日久事定，方出示人，无徒取灭门也。生平道义文章肝胆之友，浅深不同，多海内知名，而里巷亲昵，亦有学行之士，不知名者俱不及述。予行真而未笃，口直而多躁，心慈而色厉，为文有笔而无学，为学有识而无养，种种欠缺，人所共见。而不敢营私背君欺心卖友一念，亦天地神明所共鉴也。祸至于此，岂非往因？闻报之后，了无怖恋。但义不屑以三朝作养之躯，辱之狗奴狞贼之手，忍自引决，浩然往矣。

天启六年丙寅三月五日书

就逮诗

槛车

尝读膺滂传，潸然涕不禁。而今车槛里，始悟夙根深。一死无余事，三朝未报心！南枝应北指，视我实园阴。

痛亲

生来气体弱，父母倍情怜。妖梦频纷若，慈颜意惨然。无心逃密网，有恨负重泉！赤岸松杉邈，诸孙好护旃。

痛弟妹

爱妹同胞笃，先零二十秋。刚余异母弟，祸到已弥留。原上凄风紧，车前白日愁！衰门应祚薄，已矣复何尤？

慰妻

闺房偏盛德，死矣愧吾妻。百顺承姑舅，千辛啜藿藜。荣华悲短促，风雨泣低迷。忍死提诸子，无徒叹噬脐！

示儿

诸儿初了了，长大竟无成。世事浑如梦，贻经累后生。覆巢宁有卵，刈草岂留萌？幸得收吾骨，还须隐姓名。

慰女

吾女儒生妇，年来礼法王。只今逢末劫，正合忏余殃。稍足无盈橐，长贫且厌糠。缇萦何处诉？软语慰而娘。

别友

生平肝胆热，掇出在人前。为友常分谤，推贤必让先。我心无曲折，人性有偄便。生死交应在，宁为异日怜！

慰妾

　其一

朝朝念佛保平安，暗里添愁泪不干。肠断琅珰声一响，堂前咫尺不相看！

　其二

来时自矢死靡他，贴意摩娑赖起疴。昨夜飞魂惊入梦，蓬头跣足叫天那！

其三

我是刚肠铁石人，不为女子惜娇春。莲花会上来相接，共礼如来证往因。

高景逸先生绝笔

遗表

臣虽削夺，旧系大臣，大臣一辱则辱国，故北向叩头，从屈平之遗则。君恩未报，愿结来生。乞使者执此报皇上。

别友柬

仆得从李元礼、范孟博游矣，一生学力到此亦得少力。心如太虚，本无生死。何幻质之足恋乎？诸相知统此道意，不一一也。三月十六夜，高攀龙顿首。

李仲达先生就逮诗

郡中别徐元修

其一

相逢脉脉共凄伤，讶我无情似木肠！有客冲冠歌楚调，不将儿女泪沾裳。

其二

南州高士旧知闻，如水交情义拂云。他日清朝应秉
笔，党人碑后勒遗文。

丹阳道中

其一

已作冥鸿计，谁知是傺民？雷霆惊下士，风雨泣孤
臣。忧忠思贤圣，艰难累老亲。生还何敢望？解网颂汤仁。

其二

圣德方虚己，愚忠敢沥丹？惭无一字补，空复数行弹。
臣罪应难赦，君恩本自宽。凄凄杨柳色，谁为问南冠？

润州别贡悦滋

莫说苍苍非正色，也应直道在斯民。怜君别泪浓于
酒，错认黄粱梦里人！

大兄同行因忆五弟

劳劳车马日追随，一发余生不可期。回首转嗟鸿雁
影，断肠初信鹡鸰诗。白云渺渺迷归路，春草萋萋泣路
歧。寄语儿曹焚笔砚，好将犁犊听黄鹂。

述怀

便成囚伍向长安，满目尘埃道路难。父老惊心呼日月，儿童洗眼认衣冠。文章十载虚名误，封事千言罪孽殚。寄话高堂休苦忆，朝来清泪满供餐。

邹县道中闻有问予名而下泪者口占一首

身名到此悲张俭，时势于今笑孔融。却怪登车揽辔者，为予洒泪问苍穹！

邹县道中有感

春申好士只虚名，势利遗风古道轻。不见冠弹旧胶漆，驱车相避隔林行。

书驿亭壁方寿州诗后

君怜幼子呱呱泣，我为高堂步步思。最是临风凄切处，壁间俱是断肠诗。

景州道中感怀

细数知交在，逍遥各一方。魏齐方睥睨，阮籍益猖狂。形影悲相吊，音书梦已荒。古人不可作，搔首问苍苍。

宿利店

日暮停车尘满衣，喧哗土语是还非。只怜归梦三千里，不及呢喃燕子飞。

良乡呈大兄三首

其一

长途连袂若为欢，咫尺京华不忍看。此去幽囚肠百转，总余清泪对谁弹？

其二

北地风沙到始知，那堪病骨苦支持？从今用晦艰难甚，莫遣离忧减客肌！

其三

兄自料生聊暖眼，我惟料死总灰心。双亲但有平安字，传得些儿抵万金。

狱中遥寄蒋泽垒

与兄异姓为兄弟，意气宁论杯酒端。他日蒙恩弛党禁，老亲稚子待君看。

亡前一日二首

其一

十年未敢负朝廷，一片丹心许独醒。只有亲恩无可报，生生愿诵《法华经》。

其二

丝丝修省业因微，假意余生有梦归。灯火满堂明月夜，佛前合掌著缁衣。

又六月初三日别兄

疾余憔悴一孤身，归去宽心慰两亲。长愿生生为手足，鹡鸰原上了前因。

付逊之儿手笔

吾以直贾祸，自分一死以报朝廷，不复与汝相见，故书数言以告汝。汝长成之日，佩为韦弦，即吾不死之日也。汝生于官舍，祖父母拱璧视汝，内外亲戚以贵公子待汝，衣鲜食甘，嗔喜任意。骄养既惯，不肯服布旧之衣，不肯食粗粝之食。若长而弗改，必致穷饿。此宜俭以惜福，一也。

汝少所习见，游宦赫奕，未见吾童子秀才时低眉下人，及祖父母艰难支持之日也。又未见吾今日囚服逮及狱中，幽囚痛楚之状也。汝不尝胆以思，岂复有人心者哉？人不可上，物不可陵。此宜慎以守身，二也。

祖父母爱汝，汝狎而忘敬；汝母训汝，汝傲而弗亲。今吾不测，汝代吾为子，可不仰体祖父母之心乎？至于汝母，更倚何人？汝若不孝，神明殛之矣！此宜孝以事亲，三也。

　　吾居官爱名节，未尝贪取肥家。今家中所存基业，皆祖父母苦苦累积，且吾此番消费太半。吾向有誓愿：兄弟三分，必不多取一亩一粒。汝视伯如父，视寡婶如母，即有祖父母之命，毫不可多取以负吾志。此宜公以承家，四也。

　　汝既鲜兄弟，止一庶妹，当待以同胞，倘嫁于中等贫家，须与妆田百亩。至妹母奉侍吾有年，当足其衣食，拨与赡田，收租以给之。内外出入，谨其防闲。此桑梓之义，五也。

　　汝资性不钝，吾失于教训，读书已迟。汝念吾辛苦，厉志勤学，倘有上进之日，即先归养。若上进无望，须做一读书秀才，将吾所存诸稿简籍，好好诠次。此文章一脉，六也。

　　吾苦生不能尽养，他日俟祖父母千百年后，葬我于墓侧，不得远离。（哀哉！）

附　录

天人合征纪实

燕客具草

善言天者必验之于人，人事而不能征实于天，则七政亦具文矣。客少嗜象纬之学，长而弥笃，披霜沐露，几历分至，遂能于浑盖二家，会其微渺。乙丑春冬，旅泊都下，目击天人之异，为记其本末，以征天人合一之符，便后之言灾祥者采而择焉。

季春旬有三日，月入太微垣，犯左执法，客大诧曰："执法大臣当有非辜被祸者，奈何！"友人闻之跃然曰："此甚善事也。今天下操重轻之衡者，珰也，珰祸而衡复归于所司，清明之治，行复见矣！"客曰："非也，珰小臣，不入紫微垣，不列二十八次，第于天市中占其微星。此祸最大，亦最毒。杨、左，故司衡者也，其当之乎？"逾月而六君子俱被逮。

孟秋下旬四日鼓后，客露坐中庭，见白气如匹布，长数百丈，起尾箕间，贯紫宫，掩天枢五星，不觉泪溽溽下。同坐者问故，客曰："紫宫为帝庭，尾箕燕墟也，白者金象。按占，当有急兵起辇毂下，然国家福祚如天，保无他虑，其冤征乎？六君子行死矣！"明发，杨、左、魏之凶问至。考白气竟天之时，正狱卒承珰命之时也，呜呼！

仲秋下旬七日，太白午经天。客曰："星与日争明，下与上争权之象。今珰之权至矣，何用争乎？岂将杀周、顾二公耶？"翌午，而周卒死颜贼之手，顾绝命之疏遂入，呜呼冤哉！周、袁二公俱于五月初到北司；顾公五月廿六日到南镇抚，廿八日送北司；魏公六月廿四日到南镇抚，廿六日送北司；杨、左二公六月廿六日到南镇抚，次日送北司。又次日之暮，严刑拷问，诸君子虽各辩对甚正，而堂官许显纯袖中已有成案，第据之直书，具疏以进。是日，诸君子各打四十棍，拶，敲一百，夹杠五十。

七月初四日，比较。六君子从狱中出，各两狱卒挟扶左右手，伛偻而东，一步一忍痛，声甚酸楚。客不觉大恸。诸君子俱色黑而颠秃，用尺帛抹额，裳上脓血如染，杨公须白为最。顷之，至厅事前，俱俯伏檐溜下，杨居中，左居杨之左，魏居顾之右，顾居杨之右，周居左之左，袁居周之左。显纯处分毕，还狱。

初九日，比较。显纯犹作尔汝声，嗣后则呼名诧叱如趋走吏矣。五君子各打十棍，袁以病特免。

十三日，比较。午饭后，六君子到堂，显纯辞色颇厉，勒五日一限，限输银四百两，不如数，与痛棍。左、顾哓哓置辩，魏、周、袁伏地不语，杨呼家人至腋下，大声曰："汝辈归，好生服事太奶奶，分付各位相公，不要读书。"是日，各毒打三十棍，棍声动地。嗣后受杖诸君子股肉俱腐，各以帛急缠其上，而杨公独甚。

十五日为杨公诞辰，诸君子各裹巾揖贺。是日，公始知珰意不可回，每晨起，多饮凉水以求速死；兼贻书家人，索脑子甚苦，前此犹望生还也。

十七日，比较。杨、左各三十棍。是日，显纯辞色更恶，勒五限各完名下所坐赃数，不中程，受全刑。

十九日，比较。杨、左、魏俱用全刑：杨公大号而无回声，左公声呦呦如小儿啼。周、顾各受二十棍，挦，敲五十。袁挦，敲五十。魏呼家人至前，谓之曰："吾十五日已后，闻谷食之气则呕，每日只饮寒水一器，苹果半只而已。命尽想在旦夕，速为吾具棺。然家甚贫，无能得稍美者，差足掩骸可也。"家人守其言，以十五金买柏棺以殓。

二十日，中丞家人送饭，芽茶中杂金屑以进，为狱吏所觉，家人辈俱默逃去。中丞嗣后遂绝传单者矣。

二十一日，比较。杨、左俱受全刑，魏三十棍，周、顾各二十棍。显纯呼杨公名叱之曰："尔令奴辈潜匿不交赃银，是与旨抗也，罪留云何？"杨公举头欲辩，而口不能言，遂舁出。彼时诸君子俱已进狱，独杨、左投户限之外，臀血流离，伏地若死人。已而杨大声曰："可怜！"后乃舁入。左公转回而东顾其家人。是日雨，棍湿重倍常，且尽力狠打，故呼号之声更惨。

二十四日，比较。杨、左、魏各全刑，顾拶，敲五十。刑毕，显纯呼狱卒前，张目曰："六人不得宿一处。"遂将杨、左、魏发大监。客闻之，以问狱吏，吏嗟吁曰："今晚各位大老爷当有壁挺（方言，死也）者。"是夜，三君子果俱死于锁头叶文仲之手。叶文仲为狱卒之冠，至狠至毒，次则颜紫，又次则郭二，刘则真实人也。

二十七日，比较。顾公独受廿棍。是日，狱吏犹称犯官，显纯怒骂曰："此等俱犯人也，何官之有？"嗣后遂呼犯人。

二十九日，比较。三君子之尸俱从诏狱后户出。户在墙之下，以石为之，如梁状，大可容一人匍匐。是日，刑曹验毕，藉以布褥，裹以苇席，束以草索，扶至墙外，臭遍街衢，尸虫沾沾坠地。

八月初一日，比较。

初四日，比较。顾公用夹刑，杠十五。周拶，敲三十。

初七日，比较。

初九日，比较。顾公用拶刑，敲三十。

十二日，比较。袁公赃完，公家饶，出橐中故特为易。

十四日，比较。周公赃完。

十六日，比较。

十八日，比较。

十九日，袁故。未故前一日，先暗注大监，实孤身在关王庙，锁头颜紫手毙之。是日，显纯上疏云："周某病剧。"上命拨医调治。次日医来，显纯呵之以出。彼时，周公自以赃完，裹巾结袜，逍遥狱中，方怨顾赃相累，不得速发西曹，未尝有恙也。

二十二日，比较。袁尸出。

二十四日，比较。

二十六日，比较。顾公用拶刑，敲八十。

二十七日，狱吏具片纸报显纯云："顾大章大病。"客杂舆人中窃窥之，不觉涕泪沾衣曰："一网尽矣！"次日，而显纯遂以顾公病疏上。当狱吏揭报时，太白适经天，呜呼，公亦不几矣！

二十八日，周故。是日之午，周、顾两君子暨孟弁三人共饭未毕，锁头郭姓者疾呼曰："堂上请二位爷讲话。"遂著械而出，行不数武，刘锁头从后牵顾公衣曰："且还，今日不干爷事，内里要周爷命耳！"遂押周公至大监，不半时，遂毙郭贼之手。

二十九日，比较。

九月初二日，比较。周尸出。是日，刘卒密语客曰："堂上已勒顾爷死期矣！期甚迫，奈何！"客曰："能缓五日乎？"曰："能。"厚贿之而去。

初四日，比较。顾公棍三十，拶，敲八十。

初六日，顾发部之旨已下阁中。客知之，踯躅竟夕，恐入显纯之耳，不能留公至明晨也。

初七日之晨，刘卒复至曰："五日之期足矣，今晚必不能相全，奈何！"客曰："然会当有变。"狱卒窃笑而走。已而西曹之命下。是日，显纯复比较，踞案厉色如前，呼顾公曰："尔十日后复当至此追赃。"盖六君子之祸，显纯颇有力。暨用刑之楚酷，死期之缓促，又显纯独为之。畏顾公到部发扬其恶，故以追赃之说相吓，欲令其不敢言。此日不西，亦断无生理，刘卒非妄谈也。

十三日，会审都庙，会审官共十人。公座俱南向，在檐溜之下，上承以苇席。顾公北面跪，反复辩论甚直。而十人承珰命，竟拟斩刑，又责公十竹板。呜呼，珰之虐焰一至于此！是日，珰遣听记人立司官之后。审毕，十人旋以连名帖及狱辞付去，礼恭甚。

十四日，顾公勺水不饮，鼓后服毒不殊，次夜投缳而逝。

十九日，顾公尸出于狱，衣冠俱如礼。

杨公有遗稿二千余言，又亲笔誊真一通，叩首床褥，以托顾公。狱中耳目严密，无安放处，藏之关圣画像之后，已而埋卧室北壁下，盖以大砖。后公发别房，望北壁真如天上，倩孟弁窃之以还，随寄弁弟持归。

杨公又有血书二百八十字，藏之枕中，冀死后枕出，家人拆而得之，竟为颜紫所窃。紫亦号于人曰："异日者，吾持此赎死。"

魏公性不嗜食，尤不喜血肉之物，每日所供，唯杂菜一把，扁豆荚斤许，及苹果五六个而已。

魏公受刑较之杨、左为少，而困惫独先。七月十三日，加刑，叫声便不能朗。十七以后，两足直挺如死蛙，不能伸屈。

袁公素善病，到北司后，遂僵卧不能起，阴囊大如三斗器，行履颇有所妨，然竟以病故，竟死唯受一棍，唯夹、挢二刑加三五番而已。（其婿云："锦衣李不衿左右之。"）袁公赃止六千，而每限输纳倍于他人，故受刑为少。

周公亦善病，面黄白色，初入狱中，终日与孟弁对弈以自遣。家亦饶，弟侄辈又悉心干理，故万金不四十日而具。

周公赃完日，镇抚匿其五十金，公必欲清算，且出累限纳银私籍必相质，左右管事者以支辞为解。或云："公死之速，系此一算也。"

周公固戆直之士，居狱中常大言曰："死亦何难，只须尺布便了。"又念赃银已完，可望生路，不思处置家事。顾公与孟弁窃笑之而不敢明言。八月初，顾公张目视日，久之不已，笑谓孟曰："尝闻鬼不得见日，今幸片时未死，当快睹之。"未几，周至，孟正色曰："顾先生到此地位，不思大事，终日浪谈何益！"顾向周公曰："所谓大事者，身后事也，吾自七月中便知无生理，诀别家人书作之已久，无便付出，故尚留榻下，何至瞢瞢乃尔？"周慨然曰："吾亦作数行，可乎？"死后其家人所得遗书，盖顾、孟二公亦合谋以促之云。

周公家书一通，向藏顾公处，周死，狱情加严，无从得出。顾作蝇字帖密付客，客持金赇诏狱后户，至周尸出日，厚贿狱卒获之。后客南还，托友人寄其家。前此，周氏合宗竟不知公有遗墨也。

顾公对簿后，遂病创卧，至七月中，方能行履，右股疮溃，中堕腐肉一块如小鼠。

顾公发刑部日，谓客曰："吾向在诏狱中，如有人扼吾之吭，不令吐一语；自分从来郁勃之气，无从得伸。今来西曹，虽无多日，然显纯之凶恶，及下毒手者之姓名，播之天下，传之同调者之耳，异日世道复清，此曹断无遗种，吾目瞑矣！"

顾公平生佞佛，于生死之际，了无畏怖，见家人啼哭，辄大笑曰："泪缘情生，任情则为人天种子，不能上莲花宝座。汝辈慎勿作儿女子态！"

顾公到西曹，一意求死，客劝之从容观变，公曰："吾自八月初，已作处置家事一二纸，函之又开凡五六次，思无剩语，第易署封时日，彼时已置革囊于度外矣。且丈夫不再辱，吾向为显纯所毒，怦怦不已，忍再见其面乎？惟速尽为快。"

每镇抚比较日，侵晨，各家属持银候大门内。当事者到后，衙役出问各属，本日纳赃多少，报数讫，鸣鼓升堂而坐。坐定，开狱，呼各犯官到厅事前跪伏，方出手牌唤家属入二门，随跪门之左右，以次交赃。

镇抚纳赃，如以石投水，不敢争轻重之衡，亦不敢问多寡之数，纳已，急驱而下。

镇抚刑具凡五：一械，坚木为之，长尺五寸，阔四寸许。中凿两孔，著臂上，虽受刑时亦不脱，入狱则否。凡杀人，惟械手则甚便，故周公之死，郭贼诱之上堂，上堂理应著此物也。一镣，铁为之，即银珰也，长五六尺，盘左足上，以右足受刑，不使动也。一棍，削杨榆条为之，长五尺，曲如匕，执手处，大如人小指，著肉处，径可八九分。每用棍，以绳急束其腰，二人踏绳之两端，使不得转侧；又用绳系两足，一人牵绳背立，使不得伸缩。一拶，用杨木为之，长尺余，径四五分。每用拶，两人扶受拶者起跪，以索力束其两端，随以棍左右敲之，使拶上下则加痛。一夹棍，杨木为之，二根长三尺余，去地五寸许，贯以铁条，每根中间各帮拶三副。凡夹人，则直竖其棍，一人扶之，安足其中，上急束以绳，仍用棍一具支足之左，使不移动；又用大杠一根，长六七尺，围四寸以上，从右畔猛力敲足胫。吁可畏哉！宜诸君子之足皆流血洒地也！此客习见之，非关謦说。

杨公尸棺之归，负以二骡，其子从一二苍头，踉跄道上，知者皆为之饮泣。

六君子之狱，天下皆知内外二魏为之；其死也，则更有说焉。杨、左、魏，珰所甘心者也，广微实力图之；周、袁、顾，则冯铨续为之者也。彼时铨新入政府，感珰之特遇，故杀三公以当谢。京都贵人言之，向与铨为龙阳之好者也。

杨、左、魏同时绝命，显纯虑物议沸腾，基异日之祸，故于杨、左分其先后时，魏复缓疏一日。

镇抚每当比较日，珰遣听记人坐显纯后，棍数之多寡，及刑之轻重，惟其意所指，而显纯又加之虐。一日，听记者以他事出，显纯袖手至晚，抵暮方回，始敢审问。

镇抚中，惟比较日，家属因交赃，得伏胁下细语。显纯后恐密露其恶，勒令跪一丈外，高声问答，不许为方言。

诏狱土地庙前树，于六月间生一黄芝，日夜渐长，六君子毕至时，则奕然光彩远映矣。环而视之，适六瓣。狱卒皆惊，以为奇，或曰："此吉兆也。"顾公叹曰："芝，瑞物也，而困于狱，其不祥乎？"月余，狱卒堕之。

燕客传略

燕客不知何许人，亦不详其姓氏，客于燕，故曰燕客。平生耽酒任侠，重然诺，恶富贵鄙夫，遇穷困交则独喜。好经世学，尤明天文、兵法。乙丑春，或告客北地饶名酒，及多感慨之士。负笈徒往，将抵易、涿间，访田、荆其人，论千秋契道。

中闻六君子之狱兴，慨然曰："此六君子者，世所谓贤豪长者也，今死矣！藉令在百世以上，闻其风，犹唏嘘凭吊，可当吾世而不识其面乎？"遂走燕都，旅泊狱左右，易吏人衣，日逐与舆夫马圉相欢狎。久之，混入镇抚，因得见诸公之颠末。诸公亦窃知客为有心人，遗言遗札，多默附之。客一日被酒，语次冤诸君子之事，为逻者所察。踪迹垂及，复作贾人装，疾驰而南，计尽一日驰三百里，方脱虎口。今人间所传《天人合征录》，客盖以九死而得之云。

天变杂记

五月初六日巳时，天色皎洁，忽有声如吼，从东北方渐至京城西南角，灰气涌起，屋宇动荡。须臾，大震一声，天崩地塌，昏黑如夜，万室平沉。东至顺城门大街，北至刑部街，长三四里，周围十三里，尽为齑粉，屋以数万计，人以万计，王恭厂一带，糜烂尤甚。僵尸荡叠，秽气熏天，瓦砾盈天而下，无从辨别街道门户。伤心惨目，笔所难述。

震声南自河西务，东自通州，北自密云、昌平，告变相同。城中即不被害者，屋宇无不震裂，狂奔肆行之状，举国如狂，象俱逸出。遥望云气，有如乱丝者，有五色者，有如灵芝黑色者，冲天而起，经时方散。科道意火药局失火，缉拿奸细，此真两百年来未有大变也。钦天监占语曰："候得五月初六日巳时，地鸣如霹雳之声，从东北艮位上来，行至西南方，有云气涨天，良久未散云云。"等语。

后宰门火神庙，栋宇巍焕，初六日早，守门内侍忽闻音乐之声，一番粗乐过，一番细乐，如此三叠。众内侍惊怪巡缉，其声出自庙中。方推殿门跳入，忽见有物如红球，从殿中滚出，腾空而上，众共瞩目。俄而东城震声发矣。

哈哒门火神庙庙祝见火神飒飒行动，势将下殿，忙拈香跪告曰："火神老爷，外边天旱，切不可走动。"火神举足欲出，庙祝哀哭抱住，方在推阻间，而震声旋举矣。

张家湾亦有火神庙，积年扃锢不开，此日，锁钥俱断。有一乔老儿骑一马行至泊子街，地动堕马，此老头旋眼暗，自疑痰晕，曰："不好了，我中风了！"急觅路旁一酒柜靠定。少顷明亮，抬头见左右伏两人：一人纱帽无翅，一人纱帽盖眉。细看之，俱是豸补，各面面相觑而散。

屯院何廷枢全家覆土，长班俱死。屯院内书办雷该相与持锹镢，立瓦砾上，呼曰："底下有人，可答应。"忽应声："救我！"诸人问曰："你是谁？"曰："我是小二姐。"书办知是本官之爱妾，急救出，身无寸缕。一书办脱大摆裹之，骑驴而去。

前门一卖棺店，初七日有一人买棺二十四口，讶其多。又有一人至曰："吾要买五十二口。"主人曰："没有许多。"其人曰："没有便小的也搭上几口罢。"主人曰："你要几口大？几口小？"其人曰："你不要管，只与我五十二口，我回去自配。"

有一绍兴周吏目之弟，殊贫，因兄荣选，思做公弟。到京方三日，从菜市口买一蓝纱褶摇摆。途遇六人，拜揖尚未完，头忽飞去，其六人无恙。其人号周季宇。一说头飞去，陷入墙内寸许；眼睛飞在对门墙上黏住，犹动；眉毛又黏在一处，尤异！

潘云翼夫人虽同来京，已十年不见面。夫人住后房一带，日事持斋诵佛。变起之时，夫人抱一铜佛跪于天井，其房一瓦不动，前房十妾俱压重土之下。

北城察院此日进衙门，马上仰面见一神人，赤冠赤发，持剑坐一麒麟，近在头上，一惊堕马伤额。方在嚷间，东城忽震。

嘉兴项家不损墙屋，压死一儿；养一骏马，腾空而去。客来唁者问其仆曰："你家无伤损否？"仆曰："一个官官，一个马马。"

有一人姓王，在寓临池，忽心动出位，一声响亮，椅桌迸裂。拾一铁弹，称有三斤四两。

粤西会馆路有蒙师开学，童子三十二人，一响之后，先生学生俱无踪迹。

初六日五鼓，东城有一赤脚僧沿家呼曰："快走快走。"

草厂在东城，巡更人见一白发老人走出走进，知是草场土地也。

所伤男妇俱赤体，寸丝不挂，不知何故。有一长班于响之时，鬃帽衣裤鞋袜一霎俱无。生者如此，死者可知。

有一人固压伤一腿卧地，见妇人赤体而过：有以瓦遮阴户者，有以半条脚带掩者，有披半条裤子者，有披一幅被单者，顷刻得数十人。是人又痛又笑。

屋至东华门坍颓稍缓，闻内阁格窗倾毁殊甚。

宣府新推总兵拜客至元弘寺街，一响，连人和马，同长班七人并无踪迹，闻其马乃千金者。

冯相公夫人单裤奔走街心，相公从阁内步奔回来，亲救得免。家中古董毁伤殆尽。

都城隍庙中道士初五夜闻殿中喧嚷，似闻点名之声。

王恭厂一小太监初五日给假，城外省亲。初六日早，至厂，见团团军马围住，听得内边云："来一个捆一个。"疑是驾上拿人。此太监飞奔回家，行出城，响声大震。

大轿在路打坏者，薛凤翔、房壮丽、吴中伟。缙绅伤者甚多，而董可威、丘兆麟、牟志夔为甚，但无致死者。压死奶奶、公子、爱妾者，难以枚举。此变幸在日间，若发于暮夜，当无噍类矣！

五月初一日，山东济南知府住城隍庙行香，及庙门，忽然知府皂隶俱各昏迷。有一皂隶之妻来看其夫，见其前夫，死已多年矣，乃在庙管门，前夫曰："庙里进去不得，天下城隍在此造册。"

四月二十七日午后，有云气似旗，又似关刀，见在东北角上。其长亘天，光初白色，后变红，经时而灭。后五月初三日，又见如缘，其色红。初四日，又见，类如意，其色黑。占者曰："此太白蚩尤之变幻，总一物也。"

五月初二夜，鬼火见于前门之楼角。青色荧荧，如数百萤火，俄而合并，大如车轮。

京师鬼车鸟昼夜叫，及月余，其声甚哀，更聚鸣于观象台，尤异！

长安街一带，时从空飞堕人头，或眉毛和鼻，或连一额，纷纷而下。大木飞至密云，石驸马街五千斤大石狮子飞出顺城门外。

承恩寺街有女轿八肩过，震后，止见轿打坏在街心，女客轿夫俱不见。

元弘寺街有女轿过，一响掀去轿顶，女客身衣尽去，赤体在轿，竟尔无恙。

新选陈州吏目纪姓者，寓石驸马街，与一陈姓者相交好。初五夜，陈忽得一梦：为金甲神呼去，至一大衙门，系者相属，纪吏目亦在其内。闻内呼曰："无脚的俱斩。"忽点名至陈，旁一人曰："此人无罪。"堂上主者曰："可放去。"陈行数步，忽呼转曰："便宜了他，与他腰上锁二锁。"鬼卒与锁讫，梦醒。明日，陈正与纪同饭，地动，陈忆昨梦，急走出户外。房倒，纪已压死矣，陈无恙。二锁之故，尚未验也。

震后，有人来告：衣服俱飘至西山，挂于树梢；昌平州教场中，衣服成堆，人家器皿首饰银钱俱有。户部张凤逵使长班往验，果然。

德胜门外，堕落人臂、人腿更多。

蓟州城东角震塌，坏屋数百间，蓟州离京一百八十里。初十，池中掘出二人尚活，问之，云如醉梦。

人变述略

人变者，述姑苏义民杀校尉之变也。天启甲子秋冬间，逆珰擅政，屠毒缙绅。其门有五虎、五彪、五狗、十孩儿、二十小孩儿、四十猴狲、五百义孙之属。所仇怨多在江南。乙丑，六君子逮，常熟顾宪副大章与焉。丙寅，逮江阴缪宫谕昌期、吴江周侍御宗建，俄又逮无锡高中丞攀龙、长洲周吏部顺昌、江阴李侍御应升。其时传逮指名者尚有八十余人。缇骑之至，必踞坐府署中，檄所司征逮者。逮者至，弗得见。列诸械于署前，皆耳目所未经，如一铜镴，摘人指立可折，其他不可枚举。以是为号，侈索贿，贿满所欲，乃开读。其初至也，父老有生而未见之者，盖神祖宽仁，五十年如一日，以江陵之焰，缙绅止于廷杖。然而士气摧残，已驱成邪媚世界矣！况惨掠煎熬，待士于囚房之下乎？

江南既数见缇骑以为常，而缇骑亦视江南为熟游故道。逮缪宫谕者得三千金，未满所欲，仓皇遂去。问之，曰："急上赶差也。"凡此辈出，珰之儿孙及左右皆有贿，入则数十倍，利如市贩，然一时皇皇，莫必其命。

周吏部之逮，在丙寅三月。吏部家故贫，直节亢爽，遇事敢言。初传有《天鉴》《点将》诸录，盖逆儿所造，罗列诸正人，斥为党，独未及吏部名。吏部慨然曰："此度辽有不与之耻也。"益奋发无所顾忌。巡抚周公起元以争织造，先削夺归，吏部为文送之，所指斥内外甚具。后毛一鹭继起元抚吴，鹭固二十孩儿之一也，莅任之日，吏部即以送起元文送之。鹭恨切齿，遂与李实构摛魏给谏逮过吴门，吏部与联姻事，而吏部逮矣。

时武进有特走武林，馈千金于李实，求逮孙宗伯慎行、郑庶常鄤者，会有言孙病剧、郑已学道而免。然孙终不免戍，又欲杀之淮上。丁卯春，郑与文殿撰震孟皆传逮，意令惊怖自尽，如丁翰简乾学故事。诸公于乡里故无嫌怨，直是诸儿孙借以献媚，俗所谓送书帕云尔。

逮者至苏，吏部囚服待罪。邑令陈君至曰："公稍了家事。"吏部笑曰："使君大异人意。吾闻江阴知县岑之豹当缪宫谕之逮，率兵快掩捕，缪夫人欲一见不可得，自称在五百义孙队中，此近例也。使君何异人意？且谛思之，吾无家，事可了。"顾左右曰："前有一僧求书庵额，此当了却。"因命纸笔大书"小云栖"三字，掷笔笑曰："此外更无一事矣！"后郑庶常吊诗曰："银铛犹勒小云栖。"盖实录也。

吏部同令君宿县署，缇骑大索金钱，数日犹未开读。士民望吏部颜色，如见天人，无不洒泣，欲为请命。时阴雨连宵，如为忠义泣。至开读日，出自县署就逮，百姓夹道执香，哭声干云。既入宪署，诸校尉拥龙亭绯衣捉械，怒目上视，巡抚毛一鹭拱立左，巡按徐

吉拱立右，观者蜂拥，不下数十万人。三学诸生肃而
前，述士民意曰："大人有事地方，讵不知吏部居乡立
朝者？盍为请于朝？"抚、按战栗不许。一尉厉声曰：
"今日事与秀才何与？"诸尉各举械将击诸生，忽人丛
中一人从人肩上跳出，拽拳奔堂上，急持尉之捉械者。
诸尉竞抨之，人丛中复有四人继出，一跃登堂，遂与诸
尉殴。首一人者即颜佩韦，余四人者，马杰、沈扬、杨
念如、周文元也。五人持问尉："此旨从何出？"尉曰：
"实是魏上公命我来。"于是五人大呼："共击杀伪旨
者。"值天雨，来者各以伞展，喧声震地，堂下万屐
齐掷，诸尉伏抚、按胁下曰："爷救我！"抚、按复趋
匿诸尉后曰："老先生毕竟是驾上人。"逡巡俱却入署
内，士民喧从之。一尉匿梁上，惊而堕死。后询其党，
名李国柱，本非校尉，乃行五百金贿，谋与偕来者也。
是日，开读不成礼，抚、按具疏奏闻。

　　众还过姑苏驿，复遇一尉，盖往浙逮黄侍御尊素
者。骚驿递，需折夫马百金，五人复聚殴之，毁其舟之
半。五人者谋曰："我辈拚死为国除害，合以千众下武
林，杀税使，焚其府。以千众下昆山，尽顾秉谦之家。
然后自囚请死，虽寸磔有余快。"颜佩韦曰："不可。
吾侪小人，死何足惜？江南贤士大夫尚多，使置我辈而
反借此倾诸贤，是我辈累之也。"巡抚闻其言则大喜。

　　初，逆珰亦无甚怨于诸贤，其儿孙实唆使之，及其

抚、按疏，玱色变，召呵曰："财赋尽在江南，彼为变奈何？"政府部堂长跪不起，久之，曰："有儿在。"乃勒令抚、按搜捕渠魁，五人者挺身自投曰："渠魁、胁从皆我也，无波及。"直向抚、按大笑："尔陷吏部死，官大人小，我为吏部死，百姓小人大。"抚、按无如之何。谳成，大辟处决，五人颜色不改。逆玱闻之，颇衔李实疏为激变。实怖欲死，乃命浙抚潘汝桢请建生祠以自解免。相望或风，生祠遂遍天下，政府魏广微、顾秉谦、冯铨、施凤来、张瑞图辈咸手撰碑文以为荣。

未一年，天祚圣明，逆玱授首，苏州生祠垂成而废。苏人即其下葬五人，大银台吴公默题曰"五人之墓"。址甚旷，巨碑屹立，望之者咸以五人墓道，不知皆逆祠旧物也。或曰："是逆物，五人固不享，宜悉仆之。"或曰："碑文作者之名，暮夜毁去，过者唾骂，其视五人之名坦然墓上，或揖之，或拜之者，不啻霄壤。是宜两存，永留忠义如线，开富贵场中冷眼。"

先是，五人奋义日，江阴李侍御就逮，常州郡城士民聚观者亦数万。方开读时，有发垂肩者十人，各挟短棍，直呼："入宪署杀魏忠贤校尉。"士民号呼从之。诸尉跟跄走，越墙脱履，状甚狼狈。一卖蔗童子十余岁，抚髀曰："我恨极矣，杀却江南许多好人！"遂从一肥尉后，举削蔗刀脔其片肉，掷堵前狗食之。时尉无死者。太守曾樱素惠民，抚之，须臾而定，故义民之名逸不传。

复社纪事

［清］吴伟业

复社纪事

　　自制举艺之法行，其撰著之富，单行可传，无如临川陈大士际泰。大士与其友罗文止万藻、章大力世纯、艾千子南英，实共为此学。三子者仅举于乡，大士久困诸生，未遇也。金沙周介生锺始以制艺甲乙天下，其推重者曰临川，曰莱阳。宋九青玫父子兄弟治一家言，于临川不及也，然最以科第显。盖介生为此说逾年，而吾师张天如先生（讳溥）从娄东往，复社之举自此始。

　　初，先生起里中，诸老先生颇共非笑其业以为怪。一时同志，苏州曰杨维斗廷枢，曰徐九一汧，松江曰夏彝仲允彝，曰陈卧子子龙；而同里最亲善曰张受先采，读书先生七录斋，海内所目为娄东两张者也。受先举戊辰会试第三人，九一进史馆，是为崇祯改纪之初年。先生以贡入京师，纵观郊庙辟雍之盛，喟然太息曰："我国家以经义取天下士，垂三百载，学者宜思有表章微言，润色鸿业。今公卿不通六艺，后进小生剽耳佣目，幸弋获于有司。无怪椓人持柄，而折枝舐痔，半出于诵法孔子之徒。无他，诗书之道亏，而廉耻之途塞也。新天子即位，临雍讲学，丕变斯民。生当其时者，图仰赞万一，庶几尊遗经，砭俗学，俾盛明著作，比隆三代，其在吾党乎？"乃与燕、赵、卫之贤者为文言志，申要约而后去。

受先既筮仕临川，纲维张设，一以古循吏为师。先生归，尽发箧中书，视其传写之踳驳，笺解之纰缪，点定而钩贯之，于制举艺别芟订以行世，颜曰《表经》，曰《国表》，昭本志也。楚熊鱼山先生开元用能治剧，换知吴江县事，以文章饰吏治，知人下士，喜从先生游。吴江大姓吴氏、沈氏洁馆舍，庇饮食于其郊，以待四方之造请者；推先生高第弟子吕石香云孚为都讲。石香好作古文奇字，浙东西多闻其声，而湖州有孙孟朴淳锐身为往来绍介，于是臭味翕习，远自楚之蕲、黄，豫之梁、宋，上江之宣城、宁国，浙东之山阴、四明，轮蹄日至，秦、晋、闽、广多有以其文邮致者。先生丹铅上下，人人各尽其意，高誉隆洽，沾丐远近矣。

三年庚子省试，胥会于金陵，江、淮、宣、歙之士咸在，主江南试为江西姜燕及先生。榜发，维斗衰然为举首。自先生以下，若卧子及伟业辈凡一二十人，吴江吴来之昌时亦与焉，称得士。而大士同时始举于其乡，主者从废卷中力索之，始遇，燕及先生犹以不得介生，有余恨云。四年辛未，伟业举礼部第一，先生选庶吉士，天下争传其文。而艾千子独出其所为书相訾謷。千子之学，雅自命大家，然于其乡南丰、临川两公之言，未尝无依据；顾为人褊狭矜愎，不能虚公以求是。尝燕集弇州山园，卧子年十九，诗歌古文倾一世，艾旁睨之，谓："此年少何所知？"酒酣论文，仗气骂坐，卧子不能忍，直前殴之，乃嘿而逃去。已复侨居吴门，论定帖括，挟异同，贾声利，故为抑扬，以示纵横，非其读书本指已。先生既笃志五经诸史，不复用制艺与千子争短长，独取其折衷于介生。

介生之从兄曰仲驭镳，南司农郎，著风节，解官讲授南都；兄曰简臣铨，才不及弟，与彝仲、卧子同举丁丑进士。介生生平执友大士七十登第，九青已逾九卿，骎骎公辅矣。介生沦落诸生，自如也。先生初以少长，兄事介生。既显贵，倾介生客，顾修旧节唯谨，于事必首介生，而己为之下。介生亦不以贫贱故，少有所抑损。世称友道，以周、张为难。受先既谢病归，先生亦请假还里，公廉，于郡邑无所私谒。先生性好士，穷乡末学粗知好古攻文，辄许与不置口，赖其奖擢成名者，数十百人。台使者视所言以为取舍，以此附丽益众。或稍乘其气凌藉于人，而士之不见齿录者多褊心，不能无望。受先即遇同辈，亦多所摩切，敢为激发之行，数以古法治乡党，闻左铢两之奸，辄诵言诛之，若惟恐其人弗闻知者。两公性不同，相爱，见则互教诫所不及，介生、卧子亦贻书归之，然终不改。

当复社未起时，吾郡虞山钱牧斋，吴门文湛持、姚现闻三君子，由忤珰召用，牧斋以枚卜为乌程相讦奏罢归。其同时奏对称旨，先乌程大拜者，阳羡周挹斋先生，主辛未会试，在先生及伟业为座主，自以位尊显无所称于士大夫间，欲介门下士以收物望，寻谢政，得请。而乌程窃国柄，阴鸷惨核，谋于其党刑部侍郎蔡弈琛、兵给事中薛国观，思所以剚刃于东南诸君子。先生扼腕太息，宵夜呼愤。其门弟子从苕、雪间来者，具得相温阴事，名为廉洁奉法，实纵子弟暴横乡里，招权利，通金钱。先生引满听之，以为笑谑，语稍稍流闻。相温时盛修郤虞山，思一举并中之，未得间也。会上忧耳目壅阏，诏吏民极陈时政阙失，山阳一妄庸武生上书言事，蹑拜吏给事中，海内轻躁险陂之徒，竞思钩奇抵巇，以封事得官，相温阴计此便，遂钩致陈履谦、张汉儒与谋。履谦、汉儒者，故虞山胥吏，有罪亡命入京师，而政府遣腹心延之东第，密受记，告牧斋及其门人瞿公式耜所为不法，相温从中下其章，银铛逮治，而复社之狱并起。

　　先是，郡司理闽周之夔宿名士，与两公为旧好，而太仓守东粤刘公士斗皆辛未同年，相厚善。郡司以他事与守相失，阴中守于漕御史，御史显以郡章闻。守有惠政，两公挽之不得，进让周，俾无所容。周内惭困怼甚，曰："若我故人，遇事不右我而众辱我！"持两公所为《军储说》显相诘。而军储本由一邑规便益建请，事亦未施行，于漕政无所得失，虽假借相揩拄，不能有以难也。周性卞急，又以蜚语构间，颠吒日甚，上台亦浸厌之，寻发狂易疾，乞养去官。州人陆文声者，驵侩无行，尝招摇取赂，受先执而抶之，知当国方仇复社，逸入都，就张汉儒同邸舍，夤缘得谒见国观，捃摭两公事十余条，踵汉儒上章诬奏。上疑两案难并逮，下提学御史山阴倪公元珙验治。倪公贤者，即苏松道慈溪冯公元飏所谳以奏曰："臣奉诏董诸生，而复社多高材生，相就考德问业，不应以此为罪。文声挟私憾，瞒谰抵毁，荧惑上听，所奏故不以实，昧死闻。"有诏，并元飏镌级调用。相温自谓怨已构，事终辽缓不决，文声小人，语不足动上听，知司理老悖失职，可以利啖而动也，嗾奸弁李应实条奏，内诘之夔去状，微开其端，命弈琛召而挑之，若来，故物可引手致，而之夔以母服走七千里伏阙上书矣。

　　往者，邑子不快于社事，谓先生以阙里自拟，曰配，曰哲，傅会指目。先生门下士以古文书志表，误"配"作"妃"，寻手自窜定，其本已有流传者。之夔草《复社或问》，遂大书之，讦为僭端。又无名氏诡托徐怀丹檄复社十大罪，语皆不经。之夔入京师，执二书为左验，先自言争漕弃官，语侵抚臣张公国维、按臣祁公彪佳，坐以党私壅蔽，于溥、采则危言丑诋，陷不以轨。赖上神圣，疑其太切，当有诈，章下所司如前。之夔修饰《或问》及檄，谋再上，而陈履谦、张汉儒为东厂缉获事，榜死长安右门，尽得温相关通状，坐罢免，宵小为失气。之夔竟不得官，文声去为道州簿，赃败瘐死。

未几，薛国观以庶僚得政察，弈琛与里豪吴中彦者交，私受其金为鬻狱，南御史成公勇发其事，以指纵疑先生，谋益急。吴来之昌时为礼部郎，移书先生曰："虞山毁不用，湛持相三月即被逐，东南党狱日闻，非阳羡复出，不足弭祸。今主上于用舍多独断，然不能无中援，惟丹阳盛顺伯可与谋。"顺伯时客先生所，故与介生姻旧，雅负权谲，见其书，奋曰："来之算诚善。顾非公言莫足鼓动者，某既衔命矣。"先生嘿不应，来之以己意数申款问，遗中贵人，卒不能得要领，间刺探一二禁密语，疏中数为人传说，沾沾自多，公卿固侧目。国观以私人王陛彦赂遗事发，败下北司，考竟得罪。陛彦，云间人，出自吴氏。国观微疑语泄，以及此祸，将死，语监者曰："吴昌时杀我。"语上闻，来之不以为忧，顾色喜，已而阳羡果召，召出自上意，初非有他也，而来之自谓谋已行，视世事弥不足为。先生前十日属疾卒于家，千里内外皆会哭，私谥曰仁学先生，崇祯十四年辛巳五月也。

其十一月，蔡弈琛以贿国观前事逮讯，不肯入狱，抗章自讼为复社诸人构陷，以旧邑令丁煌语为征，取《复社或问》及檄增益上之，且因以并攻虞山曰："复社杀臣，谦益教之也。"阳羡方敦趣在中道，时相为调旨，责三人具对，谦益奏曰："臣先张溥中进士二十余年，结社会文，止为经生应举，臣叨任卿贰，不应参涉。弈琛以旧辅温体仁亲戚，疑臣报复，其坐王陛彦事，自有睿断，非远臣所得与知。"采奏曰："复社之起，在臣令临川日，自此杜门病废十年。谓复社是臣事，则臣非其时；谓复社非臣事，则张溥实臣至友。"上览其词直，置弗问，而弈琛坐本罪论戍。再用御史刘熙祚言，先生所纂《五经疏大全》，及《礼书》《乐书》，名臣奏议数百卷，缮写进览。人皆谓先生著作之才见嫉时宰，不获尽史职于生前，仅得受主知于身后，可为国家人材痛惜！然先生死而谗口嗷嗷，犹追仇其地下之骨，幸蒙天子渧雪，又并其遗书拭拂之，于以见稽古之不容泯灭，而海内为之兴起。此乃斯文厚幸，而先生之夙志也。

先生尝密疏救时十余事，要阳羡以再出必行，会上虚己，属任师相，蠲逋租，举废籍，撤中使，止内操，政多可纪，悉当时所笏记。识者皆追功先生，而颇恨其身殁不究于用，阳羡亦以此不终云。

来之不知书，粗有知计，尤贪利嗜进，难以独任。比阳羡得志，来之自以为功，专擅权势，阳羡反为所用，山阴、江北诸君不能平，面责数来之于朝。熊鱼山则复社初起时所宗，来之以邑诸生亲受奖遇者也，至是，官棘寺，为国是异同，廷击首臣，忤旨杖阙下，系诏狱。来之力能俾政府申救，顾不肯强净，阳阴唯诺，漫具橐馈，示调解而已。无何，御史发来之他罪，首臣为所罪累，与俱败，事具国史。

介生癸未成进士，选庶常，逾年国亡，不能死，污伪命，南奔，伏法于金陵。仲驭以钩党赐自尽，受先为经纪其丧。仲驭之讲授南都也，怀宁阮大铖故阉党，倾危喜结纳，仲驭令其门人檄之出境。阮缓颊输平，弗许。介生常一遇之于杯酒间，少弟我容后至，语不合，推案坏坐，坐者皆失色，介生徐引去不为谢，阮衔之次骨。山东刘泽清，故群盗也，既贵，阳慕知名士，奉书五百金，虚左席以邀致介生，介生却其币弗往。弘光中，此两人中擅威福，南士甘心复社，迎合当事之意，流传增饰，取不逞词传生口中，二憾交作，遂伏首恶之诛，乃并至仲驭不免。人始知介生应死，其杀之未必尽得其罪。仲驭刚肠疾恶，横为匪人所害，后世必有纪其事者，可无憾矣！介生以一念濡忍，缓于引决，重为用事者龋龁，蒙彼恶声，殒身独柳，使先生在，必为嘘唏掩涕，恨其舍生取义之未能，而身名并灭，贻天下戮笑也！

明年，南都覆，九一、彝仲、卧子、维斗诸君子，或抱石沉渊，或流肠碎首，同时老成俱尽。而受先为邑蠹里猾乘乱摽击，剟刺几无完肤，绝而复苏，又两年，而病殁于避迹之荒野。其老儒佚叟，零落仅存，于往事都不复记忆，亦罕有能言之者矣！熊鱼山流离南国，削发祝融峰下，携椰栗来吴中，缚禅灵岩山寺，号蘗庵和尚，今无恙。余故辑而存之，其姓名宜书者，附见于篇。

复社纪略

[明] 眉史氏

目 录

复社总纲

〔戊辰〕　崇祯元年：

　　上年丁卯，张采中式经魁。张溥恩贡。周锺选社十三子文。

〔己巳〕　崇祯二年：

　　尹山大会。温体仁入阁。用内臣。蒋德璟授编修，黎元宽、周镳俱礼部主事（周南主），张采授临川知县，徐汧、金声并庶吉士。

〔庚午〕　三年：

　　乡试，杨廷枢中解元，张溥、吴伟业并经魁，吴昌时、陈子龙并中式。金陵大会。

〔辛未〕　四年：

　　会试，主考周延儒，会元吴伟业，会魁张溥，杨以任、马世奇、成德、管正传、周之夔、刘士斗并中式。殿试，吴伟业榜眼，张溥庶吉士，周之夔授苏州府推官，刘士斗授太仓州知

州。钱龙锡戍定海卫。吴伟业疏参蔡
弈琛。

〔壬申〕　　五年：

张溥给假葬亲，归。虎丘大会，张溥
为盟主，合诸社为一，定名复社，刊
《国表社集》行世。十二月，周镳疏
谏用内臣，奉旨削籍。

〔癸酉〕　　六年：

六月，周延儒驰驿归。温体仁为首
辅。乡试，姜曰广为正主考，陈名
夏、胡周鼒、归继登并中式，刘侗在
北闱中式。

甲戌七年事未详

〔乙亥〕　　八年：

行保举。七月，文震孟拜大学士。撤
回内臣。召起刘宗周、惠世扬、黄
道周。十月，文震孟闲住，何吾驺
致仕。

〔丙子〕　　九年：

二月，三科武举陈启新建言，授吏
科。张汉儒疏讦钱谦益、瞿式耜，奉
旨逮问。五月，监生陆文声疏论复
社。夺情召起杨嗣昌为兵部尚书。八

月，孙以敬、周家玉并中式。

〔丁丑〕　十年：

会试，孙以敬中式。

〔戊寅〕　十一年：

吴昌时授行人，拜首辅薛国观门下。
薛国观疏题监生王陛彦为中书舍人。

〔己卯〕　十二年：

三月，考选，吴昌时授科，钦改礼部
主事。乡试，赵自新、张若义、吴晋
锡并中式。

〔庚辰〕　十三年：

会试，胡周鼒中式。四月，黄道周、
解学龙下狱。六月，给事中袁恺疏参
贪官受贿，首辅薛国观回籍，冢臣傅
永淳、少司寇蔡弈琛俱下狱，叶有声
亦下狱。薛国观即讯。十二月，吴昌
时给假归。

〔辛巳〕　十四年：

二月，黄道周戍辰州卫。三月，杨嗣
昌自缢于军。四月，召起阁臣周延
儒、贺逢圣、张至发（辞不起），延
儒、逢圣应命。五月，张溥卒。六
月，薛国观赐死，中书王陛彦弃市，

各籍其家。

〔壬午〕　十五年：

二月，吴昌时起官礼部主事，寻改文选司郎中。黄道周复职。皇极门黏贴"二十四气"。钦点吴甡、陈演、黄景昉入阁。下冢臣李日宣于狱，并及司官。

〔癸未〕　十六年：

四月，周延儒视师。九月，会试，会元陈名夏，吴易、张若义、黄淳耀、周钟、朱积时中式。时贼势孔迫，故改试期。十二月，周延儒赐缢，吴昌时弃市。

卷之一

令甲以科目取人，而制义始重。士既重于其事，咸思厚自濯磨，以求副功令。因共尊师取友，互相砥砺，多者数十人，少者数人，谓之文社。即此以文会友、以友辅仁之遗则也。好修之士，以是为学问之地；驰骛之徒，亦以是为功名之门，所从来旧矣。粤稽三吴文社最盛者，莫如顾文康公之邑社，社友十一人，如方奉常、魏恭简辈，后皆为名臣，可谓彬彬者矣。嗣后归希甫有光为南、北二社，一时文学之士霞布云蒸，若李廉甫、方思曾、吴秀夫，以时文步古文之脉，实自废城始。

章皇帝初元，有诏限字。陈晋卿、许公旦、顾茂善改为知社，而其后顾实甫、王幼文继之，后先增美；后稍中衰，王淑士、张宗晓遂起其靡。《遗清堂稿》出，顾九畴为海内所宗，次之则推豫章，郝仲兴、邱毛伯称作家，陈大士际泰、费无学而隐为一时文雄。吴门文文起、姚孟长汇邱、陈行卷，暨艾千子南英、罗文止万藻诸稿为一帙，谓之《江右奇文》，由是天下皆推豫章。同时中州吴峦稚钟峦、梁溪马君常世奇、武林宋羽皇凤翔，并号文章宗匠。已而抚州章大力世纯以善曾南丰、汤若士之学显，其时月旦谓之陈、艾、章、罗，海内业制举家争延致之，以故千子与莱阳宋九青玫，大力与景陵谭服膺元礼同砚席，天下羡之如神仙然。熹宗立，大力举于乡，墨义出，遐迩奉为法程。迨甲子，艾得隽，而以策论讥讪时政，与主司同受罚，天下不惟重其文，兼重其人，于是司清议者易其称，又谓之艾、罗、陈、章云。

四子之学各有短长：大士优于时艺五经，文能补笺注所未备，而拙于古文词，然其时艺即古文，亦其才然也。章、罗皆法晋魏，而大力用意胜，时失之俚，文止摛词胜，或流于靡，两人相师而不能相通，亦限于才耳。千子进取秦汉唐宋诸大家，讲开阖变化，首尾埋伏之法，卓绝一世，独于制艺，斤斤格套，不出前人窠臼，但以善于训诂，切于脉理，选义出，举世群然师之，吴越、浙南以外，俱奉为准的云。

周介生锺，金沙望族，神庙时，锺祖于德登进士，为贵宦；伯应秋以解元联捷，维持、泰峙，踵发一时；锺父绍诗困于诸生，有子四人：长铨字简臣，仲即锺，叔镕字我容，季钺字我成。读书尺木居，昆弟相师友。简臣少鲁而攻苦力学，惟介生敏颖绝伦，角卯时，五车万卷无留胲矣，诗文缅缅万言，有倚马之目，诸昆仲皆莫及也。房选《华锋》出，时尚一新，天下竞称之，由是向日推豫章者，相率而推金沙矣！

艾千子乃作书与介生曰："今日制艺一道，赖兄主持，真如日月之中天，万物皆睹。但文之通经学古者，必以秦汉之气，行六经、《语》《孟》之理，即降而出入于欧、苏、韩、曾，非出入数子也，曰是数子者，固秦汉之的脉也。今也不然，为词章者不知古人为何物，而袭大力、大士轻俊诡异之语为之，甚至造为一种似子非子、似晋魏非晋魏、凿空杜撰之言，沾沾然以为真大士、真大力已！夫文之古者，高也，朴也，疏也，拙也，典也，重也；文之卑而为六朝者，轻也，渺也，诡也，俊也，巧也，排也，此宜有识者所共知矣。弟杜门山居，兄邮中以选目见示，互相参订，必有不刊者。"介生得书，以成、弘诸选，封缄相质，至庆、历而后，仍任己意，间涉时趋。选本出，千子大不悦，复书致介生，力为责难争论，谓其过于夸汰。嗣是江左声气稍与江右别，而介生所谓随声附和，而亦不复与千子参订。介生谓兄简臣曰："鄙儒不知时变。"从此亦不复通问矣。先是，贵池吴次尾应箕与吴门徐君和鸣时合七郡十三子之文为匡社，行世已久。至是，共推金沙主盟，介生乃益扩而广之：上江之徽、宁、池、太及淮扬、庐、凤，与越之宁、绍、金、衢诸名士，咸以文邮致焉。因名其社为应社，与莱阳宋氏、侯城方氏、楚黄梅氏遥相应和。于是应社之名，闻于天下。

张溥字天如，号西铭，太仓人。父太学生翊之，翊之兄辅之，以进士由兵垣历官大司空。翊之子十人，溥以婢出，不为宗党所重，辅之家人遇之尤无礼，尝造事倾陷于翊之。溥洒血书壁曰："不报仇奴，非人子也！"奴闻而笑曰："塌蒲屦儿，何能为？"溥饮泣，乃刻苦读书，无分昼夜，尝雪夜已就寝，复兴，露顶坐而晓，因病疽。时三吴文社，人人自炫，溥一不之省，独与张采订交。采字受先，号南郭，以善戴氏学有声黉序，溥延为馆宾，读书七录斋。时娄文卑靡，两人有志振起之，溥矫枉过正，取法樊宗师、刘知幾，岁试乃踬。闻周介生倡教金沙，负笈造谒之，三人一见，相得甚欢，辨难亘昼夜，订盟乃别。溥归，尽弃所学，更尚经史，试乃冠军。

溥矜重名，采尚节概，言论丰采，目光射人，相砥濯自砺。时魏珰败，鹿城顾秉谦致仕家居，方秉铎丁娄中，溥与采率诸士驱之，檄文脍炙人口，郡中五十余人敛赀为志镌石，由是天下咸重天如、受先两人矣。始周介生之应社，社目若茂苑杨维斗廷枢、徐九一汧，常郡荆石兄艮，虞山杨子常彝、顾麟士梦麟，吴江吴茂申有涯、吴来之昌时，松郡夏彝仲允彝、陈卧子子龙，及闽中陈道掌元纶、蒋八公德璟咸在列，而独以凡例为天如手定，盖两人相信，在语言文字之外，别有契合也。

丁卯，受先、九一与介生弟镳皆乡举，而罗文止、蒋八公各举于其乡。明年戊辰，溥以覃恩选贡入京，受

先第三，九一、八公皆告捷；江西黎友岩元宽已冠礼
闱，为主试所抑，置之第二，皆社中才杰也。溥廷对高
等，诸贡士入太学者俱愿交欢溥，争识颜面，因集诸多
士为成均大会。是时宇内名卿硕儒，前为崔、魏摧折
投荒削逐者，崇祯新政，后先起用，闻溥名皆愿折节订
交，骚坛文酒，笈筐车骑，日不暇给。由是名满京都。
已而德璟授编修，沂考庶吉士，元宽授礼部主政，镳授
南礼，采授江西临川县知县。采初期得馆选，不意失
之，及尹临邑，转怼为愉曰："人臣致身，何官不可效，
吾今入文学礼义之乡，得挹罗一峰、邹守益之高风，与
闻良知宗旨，相与切劘道学也。"遂与溥归，偕同志扬
扢社事，而后赴任。由是海内同人翕然共宗天如矣。

　　艾千子时客齐鲁，闻之遽莅吴门，约同周介生往
会，互证文体，衡定是非，欲两挫之，而独伸其说。时
陈卧子才高意广，而与之争辩，扁舟逆之吴门，各持
所是，语多不合，日暮移影乃退。卧子复手书诘难，称
词宗旨崇重凤洲、空同。艾持其瑕而折之曰："向在娄
江舟中见足下谈古文，辄诋毁欧、曾诸公，而守一李于
鳞、王元美以为足，即评骘他文亦未当，盖足下未尝读
古人书。故欲足下读书十年，学渐充，心渐细，而后可
也。及足下行后，友人持足下《悄心赋》至，如此乃
《昭明文选》中之卑腐，欧、曾大家力排之者，足下斤
斤师法之，无怪乎侈口骂欧、曾、宋景濂，骂震川、荆

川也！足下谓宋文最近，不足法，当求之古，其究竟则归重王、李二人耳！何足下所志甚大，而所师甚卑也？足下谓宋之大家未能超津筏而上，又谓欧、曾、苏、王而上，有左氏、司马氏，不当舍本而求末。夫足下不为左氏、司马氏则已，若真为左氏、司马氏，则舍欧、曾诸大家何由法？夫秦汉去今远矣，其名物器数，职官地理，方言俚俗，而沾沾自以为秦汉，则足下之极赏于王、李者耳。不佞方由欧、曾以师法秦汉，足下乃谓不当舍秦汉而求欧、曾，所见不亦左乎？

"足下又曰：'宋文好新而法亡，好易而失迂。'夫文之法最严，严孰有过于欧、曾、苏、王者？荆川有言曰：'汉以前之文，未尝无法，而未尝泥法，法寓于无法之中，故其为法也密而不可窥。唐与宋之文，不能无法，而能毫厘不失乎法，以有法为法，故其法也严而不可犯。'间尝三复，以为至言。宋之文由乎法不至于有疏而太严者，欧阳子也，故当推为宋之第一人。不佞方以法太严病宋人，而足下谓其无法，足下读古人书而潦草如是，不已过乎！乃若王、李之文，徒见夫汉以前之文似乎无法也，窃而效之，决裂以为体，饾饤以为词，盖去夫开阖首尾经纬错综之法，而别为一种臃肿窘涩浮荡之文，其气离而不属，其意卑，其语滞，乃真无法之至者，而足下以为有法，可乎？

"足下又痛诋昭代之推宋人者，如荆川、震川、遵

岩三君子。嗟乎，古文至嘉、隆间，坏乱极矣，三君子
当其时，天下之言不归李则归王，而三君子寂寞著书，
受其诋訾，不少易志，古文一线得留天壤者，三君子之
力也。其文纵不及韩、欧，乃遂不如王、李耶？至于宋
景濂，佐高祖定制度，修前史，当时大文字多出其手。
国朝文章大家，自当首推其文，以应制，故不甚卽，要
皆师摹欧、曾，不可诬也。足下试取其叙记传读之，可
及乎，不可及乎？

"《震川集》愿足下迟迟其论，足下未至震川，至
震川驳之未晚。贵乡有娄子柔（名坚）、陈仲醇（名继
儒）两人，虽未得韩、欧之深，然皆能言其本末，足下
宜贽请为师，得其一言，昼夜思之，思无越畔，然后十
年读书，与不佞论文，未为晚也！"

卧子得书恚甚，复作报言。彝仲惧其伤雅，手疏千
子，言两人之书不必外传，以滋物议。

岁戊辰，诸家房选出，若马君常、宋羽皇、吴峦
稚、项仲昭、荆石兄辈，各有选本，千子皆无讥焉，
独取天如所选《表经》诋毁之。其《房书删定》序曰：
"今世举业家所据以为名者，曰经也，史也，子也。是
三者，两汉以后立言之士莫不由之，何独至今而疑之，
而有不然者？史自左丘明，观固止已，然其职官氏族、
战攻治乱之法，与举业之文既不相入，至其风度格韵，
驰骤跌宕，变化离合之微，非得其神者又无由而至。故

为盗于举业者遍天下，而卒未有入左氏、司马氏之室者，力不能也。独诸子之言浩渺宽博，以无所附丽为长，则文之诲盗者无如是书。然在当时已有黄老农墨刑名纵横之异，其大旨既悖谬于圣贤，学者未能考正古人，则虽晋魏隋唐依托周秦诸子之目以自见，而亦为所欺。甚则以剧秦美新之扬雄而群然尸祝之，习其书，效其词，比于周孔，魑魅魍魉之言盈天下。甚矣，其不学也！善夫，目不识诸子而剽窃人言者，即以是人为诸子，及其不足，则雕饰伪辞以代之，其冒滥如是，固不足责。其有黠者出而晦之，于史不能，于子不可，又逃而曰遵经；夫遵经之名立而天下之奉之者庶有词矣。虽然，亦有以古之为经者告之乎？古之为经者曰：'本之《书》以求其资，本之《诗》以求其恒，本之《礼》以求其宜，本之《春秋》以求其断，本之《易》以求其动，本之《乐》以动其机。若稽古而后为学，乾坤九六而后为《易》也。'夫圣人之言各有所为而发，盖有前后不相袭者矣。今必赘经语以就题，复强吾意以就经，况夫专经而不能通其解，业一经而误用其四，而号于人曰尊经，吾恐先圣有知，必以为秽而吐之矣！鸣呼，今日制举之弊，已至于此！一人倡之，人人和之，遂至臭腐而不可读，吾以为此皆空疏不学之故也！

"富人镪万镒，臧获万计，无所不有，而若一无所有。三家之村，稍稍温饱，得一金而张皇色动。又有窭人丐夫焉，饥寒迫之，不得已而为盗，为大盗则剽富人之藏，不能为大盗，则取大盗之所剽而负贩之。遇水旱凶荒，则三家村之温饱者且将为窭人丐夫矣；窭人之为盗者，执而归司败，又将入于刑焉。今之为文，何以异此？使其读古人书，得夫本末源流，无所不有，而又若一无所有，何至得一金而色喜，与夫剽富人之藏，又从大盗而为之负贩哉？救斯病也，莫若以今日之文，救今日之为文者，此吾所以不得已而再有《房选删定》之役也。呜呼，与吾选者，其是非天下既得而见已；不与吾选者，其是非天下尚未得见也。今日制举之弊，可胜言哉！"

天如贻书受先曰："阅艾千子房选，显肆攻击，大可骇异！吾辈何负于豫章而竟为反戈之举？言之痛心！兄见之，须面责问其故。艾为人贪利无耻，出其性本；又住武陵最久，中间构衅不少，且往来俱铜臭之子，固宜与名教悖戾也。弟断不能嘿无一言，特以闻之老兄，可与大士、大力、文止讲明。弟与介生忖兄在临川、豫章之交，自固不患一人之跳梁生事也，惟早图之。弟意如此之人，断不容其稍有出头，须作一字与九青，先断其根可也。"

吴江吴来之亦致书受先曰："天如、介生负海内重望，与兄主盟周旋者非一日，而贵治子民有心怀反侧，倡议翻为，遂至指介生为罪人、目天如为黠恶者。两兄当之，又付不校，吾辈闻之，耻辱莫甚于斯！且言论狂妄，视应社皆目不识丁，意如吾也何？如同社诸兄弟何？人非至愚，必能分别邪正，而一种未附意气，与外相附而中怀观望者，咸窃其说以为谈资，如吾乡之金五贞，岂非门墙一大患哉！（中阙）卓生小叛，亦攻之至于尽，使叛逆如千子，竟以容之一字置之。则是小敌勇大敌怯矣！且以吾辈为大盗，为婪人丐夫，为司败之刑人，不修一矢以加之，何以为令于四方？又吾党素为名教主，乃有毁周孔而不问，毁吾明先贤而不问，何以为名教主哉？弟不揣愚陋，伏祈深结豫章之在声气者，独摈此叛道负友之小人，使乡党弃之，天下嫉之，则鬼魅之术立破矣。"

受先得书，手疏婉规千子，言："江左、江右并为人文渊薮。在豫章向操海内衡文之柄，近日介生、天如先后执牛耳，然皆声气相倚，未有不奉豫章者也。宜共遵尊经笃古之约，力追大雅，以挽颓靡，幸勿自开异同，为世口实！"

千子答书曰："吾辈声价非谤者坏之，乃尊奉者坏之也。譬有人焉，遇周孔而知敬，及遇盗跖亦以为周孔，则周孔何地可以自容？此不特大士、大力、文止诸兄学问渊源，尝为评其品地，不可向盐醋缸中埋杀；即老父母文章经术，亦当有以自明。将来取盐醋缸中物同类而并称之，老父母甘之乎？不肖备极苦心，独救一人，正为诸兄弟并为老父母地也！”其词坚僻，人言不能入。

未几，《四家摘谬》出。其批抹豫章，即诋訾金沙吴下。受先知不能合，始以天如之书示罗、陈、章，而特函告之莱阳。时宋有答书甚秘，人莫得窥，于是三吴社长传单各邑共绝之。某月日，侦千子来吴，谬约之面相参证，会于娄之弇山园，语不合，陈卧子及周介生之幼弟我容共挟之，千子即夜去。由是社集取其名，金沙、娄东合词布告于同志云。

吴江令楚人熊鱼山开元，以文章经术为治，知人下士，慕天如名，迎至邑馆；巨室吴氏沈氏诸弟子俱从之游学。于是为尹山大会，莒、雪之间，名彦毕至。未几，臭味翕集，远自楚之蕲、黄，豫之梁、宋，上江之宣城、宁国，浙东之山阴、四明，轮蹄日至。比年而后，秦、晋、闽、广多有以文邮致者。

是时，江北匡社、中洲端社、松江几社、莱阳邑社、浙东超社、浙西庄社、黄州质社，与江南应社，各分坛坫，天如乃合诸社为一，而为之立规条，定课程曰：“自世教衰，士子不通经术，但剽耳绘目，几幸弋获于有司，登明堂不能致君，长郡邑不知泽民。人才日下，吏治日偷，皆由于此。溥不度德，不量力，期与四方多士共兴复古学，将使异日者务为有用，因名曰复社。”又申盟词曰：“毋从匪彝，毋非圣书，毋违老成人，毋矜己长，毋形彼短，毋巧言乱政，毋干进辱身。嗣今以往，犯者小用谏，大则摈。既布天下，皆遵而守之。”又于各郡邑中推择一人为长，司纠弹要约。往来传置。

天如于是裒十五国之文而诠次之，目其集为《国表》，受先作序冠弁首。集中详列姓氏，以示门墙之峻；分注郡邑，以见声气之广云。社目云：“是社始于七郡，故原本先列七郡，首姑苏焉。”

太仓州：

张　溥（天如）　赵自新（我完）　张　谊
王家颖（处卿）　顾梦麟（麟士）　管士琬（君售）
王瑞国（子彦）　张达孝（孚先）　何南春（梅先）
吴伟业（骏公）　孙以敬（浣心）　胡周鼐
蔡　伸（伯引）　张　濬（禹疏）　张王治（无近）
周　群（子达）　张　源（来宗）　王启荣

吴县：

杨廷枢（维斗）　徐鸣时（君和）　钱　禧（吉士）
朱　镃（彦兼）　袁良弼（星况）　章　美（拙生）
朱　衮（九章）　邱民瞻（天民）　许元弼（仲良）
许元恺（德先）　周茂兰（子佩）　朱　隗（云子）

长洲县：

许元溥（孟宏）　顾企宗（公远）　刘　曙（公旦）

华　渚（方雷）　　沈明伦（伯叙）　　王　宗（东材）
戴之杰（石房）　　陈　性（身之）　　管正传（元心）
钱位坤（与立）　　叶　襄（圣野）　　薛宗廉（伯清）
戴之俊（务公）　　卢经材　　　　　　徐　籀（亦史）
张　邕（羽民）

吴江县：

吴有渷（茂申）　　吴昌时（来之）　　沈初馨（青芝）
吕云孚（石香）　　吴　翮（扶九）　　沈自炳（君晦）
张　泽（草臣）　　吴昌迪（迪之）　　张　峣（山尧）
吴晋锡（兹受）　　周　灿（闇昭）　　孙兆奎（君昌）
吴　璛　　　　　　庞承源　　　　　　孙聚奎

常熟县：

杨　彝（子常）　　诗士骥（德生）　　蒋　棻（畹仙）
许重熙（子治）　　赵士春（景之）　　王曰俞
许　瑶（文玉）　　祝谦吉（尊光）　　顾琅先（令徵）
祝升吉　　　　　　祝泰吉　　　　　　朱　镳（右服）
许　棐（辅公）

昆山县：

王志庆（与游）　　陆世鎏（彦修）　　陈言先（敷功）
王志长（平仲）　　顾继绅　　　　　　顾晋瓒
雷开远　　　　　　归奉世（文君）　　陆嘉胤

嘉定县：

朱之尚　　　　　　曹　讷　　　　　　侯岐曾

徐时勉	陶士彦	沈宏祖
陈舒徵	江贞泰	

松江府：

夏允彝（彝仲）	朱　灏	徐德广（思旷）
周室勋	周希文	陶履俑
徐凤采	夏　鼎	张寿孙

华亭县：

周立勋（勒卣）	徐孚远（闇公）	彭　宾（燕又）
余廷谔	顾开雍	盛庆远
徐　炜	徐恒鉴	徐致远
徐缵善	周季勋	吴　忻
盛仲辉	赵　侅	

上海县：

潘　桓	马元调	朱存标
朱在镐	潘钊奇	范鍪弧
潘尧纳	王元玄	

青浦县：

陈子龙（卧子）	宋存楠（尚木）	杜麟徵（仁趾）
赵侗如	李　雯	

金山卫：

盛翊进	杜骐徵	姜尔殊
宋与琦	陈秉教	

常州府　武进县：

韩钟勋	刘宪章	邹嘉毅
徐　法	徐　洽	顾澹生

江阴县：

黄毓奇	徐时进	徐遵汤
袁　珍		

宜兴县：

徐懋贤

镇江府：

周　锺（介生）	周　镕	周　钺
周　铉	张明弼	史弘谟
高　遇	刘国钦	周　钦
王士宁	蒋鸣玉	蒋　焕
周而沛		

丹阳县：

荆　艮	荆廷实	荆廷壁
贺儒琛	盛　顺	贺　裳
贺燕徵		

淮安府：

夏日瑚	白受藻

盐城县：

张树屏

安索县：

王启运　　　　　刘符赤　　　　　齐日盛

苏国美

桃源县：

王立身

宿迁县：

陆奋飞　　　　　陆奋武　　　　　姚禹命

扬州府　江都县：

郑元勋　　　　　李元介　　　　　顾　问

李　枢　　　　　吕尚绸　　　　　梁于涘

汤允中

高邮州：

杨先春

兴化县：

许同诜　　　　　解　诜　　　　　王允士

宝应县：

成明文　　　　　成明善

徐州：

万寿祺（年少）

安庆府：

蒋卜臣　　　　　赵相如　　　　　范世锟

潘映委　　　　　左　毅　　　　　方启曾

江之水　　　　　吴　遇

徽州府：

程允晋	江知默	朱泰阳
江调鼎	江 静	吴承中

宁国府　宣城县：

沈寿民	沈寿国	徐贞一
孙文煌	梅朗中	

泾县：

万应隆	赵初浣	王 徽
万 视		

池州府　贵池县：

刘 城	詹 政	吴应箕
刘廷銮		

青阳县：

吴 钟	孙象壮	吴中美
吴 介	孙象震	姜 寅
张国敉		

太平府：

邵 锦	邵 璜	邵 晃
邵 镒		

芜湖县：

卓人月	陈 潒	徐 翔
卓霜回	潘曾绶	

海宁县：

徐元灿　　　　　徐永平

余杭县：

顾有棐

嘉兴府：

孙淳夫	陈恂	徐彬臣
赵汝璧	项声国	张次柳
孙振	蒋芬	金维恭
程定国	沈嗣选	钱嘉徵
陈恪	马公锡	谭贞良
叶灿	孙耀祖	沈嗣徵
徐白	张宗一	

秀水县：

常彝	朱茂晖	包鸿逑
卜升	吴翔	钱昌
谢涧	朱茂畅	徐天俊
周禹锡		

嘉善县：

钱旃	支如增	陆文机
魏子濂	钱继章	钱棻
戈用忠	吴三锡	顾潜
夏缙	魏学洙	柳素
钱继振	钱继禧	蒋莳

陈　舒	刘　芳	钱　格
赵　韩	徐鸿祚	吕　霈
过舒簠	陆上澜	屠象美
施洪烈		

海盐县：

张奇龄	蔡士奎	陈　梁
张瞻韩	朱学章	冯景裕

桐乡县：

盛　涞	朱万锜	盛方涵
朱万钦	盛　渏	

湖州府：

严启隆	沈中台	闵正中
韩昌箕	卢兆阶	潘基依
章　平	严　彧	沈钟兆

归安县：

沈绪奎	李令哲	陆熙运
邱志晃	陈　骃	沈绪来
韩曾驹	章上奏	闵自寅
沈维显	闵元京	钟镜如
吴振昆	尹　卫	尹　任
凌尔翰	凌森美	

乌程县：

温以介	姚延启	黎树声

钱瀛选	沈　蒨	潘基庆
韩千秋	韩绎祖（求仲子）	钱　鹤
顾　翰	严求宁	严　翀
费景沅	沈光胤	陶　铸
沈　钫	严思镠	沈　鏁
德清县：		
章美墐	章美埕	
武康县：		
骆弘珪	卓汉卤	
安吉州：		
潘基祉	潘基礽	沈建吴
宁波府：		
董守谕	陆　符	钱公锡
费　隐	冯　眉	
绍兴府：		
李宗铭	章重行	徐　腾
余增光	孟称尧	孟称舜
赵之蔺	吴应芬	金　停
袁师孔	吴维修	顾纶撲
金华府：		
傅　岩	叶　干	倪仁贞
衢州府：		
翁祚祚	徐泰徵	

江西　南昌府：

刘斯陛	万时华	余正垣
仇　鐄	黄维藩	裘崇禧
黄国镐	罗高淑	徐元朗
杨　昌	章士鸿	刘斯陆
杨　耆	易道泰	喻　周
喻士锦	熊文举	吴奇杰
吴廷献		

新建县：

陈弘绪	邓履古	万日佳
徐世溥	甘元晏	李　奇
万　搏	舒忠谠	姜之祥
徐世清	陈弘纶	徐应荩

丰城县：

胡学渼

进贤县：

李先倬	陈维谦	朱　徽
饶有歧	陈维恭	熊人霖
饶有致	陶文畴	朱　健

饶州府：

罗伏龙

广信府　上饶县：

徐自定	徐自宁	郑仲夔

玉山县：

董思玉

弋阳县：

李调鼎

铅山县：

费兆甲　　　　费映环

建昌府　南城县：

吴　兆　　　　郑之玄　　　　邱时宪

吴观之　　　　俞一经　　　　姚光远

新城县：

张之奇　　　　曾汝亨　　　　黄之香

江世祥　　　　江之望

南丰县：

曾　升

广昌县：

何三省　　　　揭希朋　　　　刘大年

刘大巩　　　　刘大常　　　　刘大千

抚州府　临川县：

陈际泰（大士）　罗万藻（文止）　章世纯（大力）

曾亨应　　　　章世谦　　　　傅占衡

汤大耆　　　　汤开远　　　　王秉乾

章宏岳　　　　邱而旭　　　　揭重熙

谢宾王　　　　游为光　　　　舒佳桂

汤开先	陈士凤	谢廷简
曾拭	邱而昶	吴程
陈才奇（大士长子）		曾益
刘钟秀	陈士骥	谢应宸
李上	封诰	郗光绪
游为龙		

宜黄县：

涂柏

吉安府　卢陵县：

赵尔沂	黄震象

泰和县：

曾文饶	刘捷音	龙起弘
杨嘉珩	杨学愿	黄令甲
郭承瑚	曾世冲	萧秉镇
梁天爵	康毅	

吉水县：

刘同升	李陈玉	刘孟钦

安福县：

傅鼎臣	伍以竑

永新县：

贺贻孙

瑞州府　新昌县：

李之溉	漆嘉祉

袁州府：

易嗣重

赣州府　宁都县：

杨文彬	杨文彩

湖广　武昌府：

刘敦仁	戴　埧	孟　登
陈　沂	游明哲	李楚生
刘日襄	张仲庶	蔡　仕

嘉鱼县：

任弘震	任乔年	熊升元

汉阳府：

谢淳培	谢正培	瞿　然
龙　壖	易道三	程性学
易道遑	易为鼎	易为瑚
易为琏	易为瑞	朱荃宰
刘文运	胡世忠	胡有牧
何履顺	何履吉	

安陆府　京山县：

王福亶

景陵县：

谭元春	谭友夏	谭元礼
谭元方	赵家栋	

襄阳府：

欧阳化

德安府　孝感县：

辛　昴

黄州府　蕲水县：

黄正色　　　　　冯云路　　　　　金　瓯

官抚邦　　　　　官抚极　　　　　官抚辰

黄安县：

耿如志　　　　　耿如思

麻城县：

梅之埙　　　　　王都俞　　　　　杨　鲁

刘　侗　　　　　李春江　　　　　周应华

刘　辉　　　　　曹之栋　　　　　耿应衡

周邦炳

蕲州：

张　宿　　　　　邱之宗

荆州府　江陵县：

徐养心　　　　　王南国

公安县：

袁祈年

石首县：

刘长庆　　　　　夏云鼎

岳州府　华容县：

张斯抟　　　　　　黎志升

常德府　桃源县：

阙士琦

福建　福州府：

陈肇曾　　　　韩廷锡　　　　陈燕翊

周之夔　　　　陈元纶　　　　曾异撰

陈世濬　　　　董养河　　　　邓　寿

陈奎辉　　　　周　恂　　　　张利民

董谦吉　　　　许　豸　　　　卓　震

齐　庄　　　　林　昕　　　　陈知章

林兆清　　　　张　纶　　　　邹景文

叶有禄　　　　曾人翰　　　　陈金铉

林逢经　　　　莫尔佳　　　　陈兆相

林正立　　　　李时成

泉州府：

颜茂猷

延平府：

罗明祖　　　　宁永龄

江州府：

裴养清　　　　李世熊

兴化府：

曾世衮　　　　徐胤铉　　　　翁　显

林尊宾	周言	黄梦吉

山东　莱阳诸邑：

宋继澄	宋珵	左懋泰
赵士骥	宋珏	孙凰毛
宋璜	宋瑀	宋瑚
左懋第	赵尔汲	姜澜
宋瑾	陈维价	左良辅
任梦麟	陈昙	杨泉

新城县：

王与夔	王衮

山西　太原府：

韩霖	韩垍	九二卿
陶世徵		

河南　开封诸邑：

陈衷一	贾心明	吴从周
蔡琮	贾开	张光世
张正谊	郑观光	

广东　广州诸邑：

黄舜年	蔡承瑚	吴道坤
王学	黎遂球	梁志勤
钟新	陈子贲	陈象明
麦克勤	林佳相	庄珩
陈衍虞	韩如璜	

陕西:

田而腴

四川　成都诸邑:

张　尚　　　　韦　铉　　　　　庄祖谊

贵州:

杨文骢（龙友）

　　按目计之，得七百余人，从来社集未有若是之众者。计文二千五百余首，从来社艺亦未有如是之盛者。嗣后名魁鼎甲，多出其中，艺文俱斐然可观，经生家莫不尚之，金阊书贾由之致富云。

卷之二

崇祯庚午，乡试，诸宾兴者咸集，天如又为金陵大会，是科主裁为江右姜居之曰广，榜发，解元为杨廷枢，而张溥、吴伟业皆魁选，陈子龙、吴昌时俱入彀，其他省社中列荐者复数十余人。明年辛未，会试，伟业中会元，溥与夏曰瑚又联第，江西杨以任，武进马世奇、成德，长洲管正传，闽中周之夔，粤东刘士斗并中式，主试为周延儒，首相也。旧例，会试主裁，元老以阁务为重，应属次辅，乃周以越例得之，大非次辅温体仁意，是以会元几挂吏议。盖延儒诸生时，游学四方，曾过娄东，与伟业之父禹玉相善；而伟业本房师乃南昌李明睿，李昔年亦游吴，馆于邑绅大司马王在晋家，曾与禹玉相善。是科，延儒欲收罗名宿，密嘱诸分房于呈卷前，取中式封号，窃相窥视，明睿头卷即伟业也。延儒喜其为禹玉之子，遂欲中式，明睿亦知为旧交之子，大喜悦，取卷怀之，填榜时，至末而后出以压卷。伟业由此得冠多士，为乌程之党薛国观泄其事于朝，御史袁鲸将具疏参论，延儒因以会元卷进呈御览，烈皇帝亲阅之，首书"正大博雅，足式诡靡"八字，而后人言始息。此温、周相轧之第一事也。

故事：新进士刻稿，皆房师作序，是时天如名噪甚，会元稿竟以"天如先生鉴定"出名。明睿大怒，欲削伟业门人籍。同馆徐汧率伟业负罪，因诿之书肆，执送五城惩示以解。当是时，明睿所争者体例，非仇溥也，而溥大不悦，两人自此遂相隙。及殿试，伟业所得榜眼。馆选，天如得庶吉士。初，延儒但闻天如名，未识其面，及榜发后晋谒，延儒恨相见晚，恩礼倍至，天如由此得馆选。翰苑规制：庶常居造就之列，遇馆长如严师，见先达称晚进，公会隅坐，有命唯诺惟谨。溥任意临事，辄相可否，有代天言作诰命者，文稿信口甲乙，同馆皆忌之；有潜于内阁者，延儒犹委婉为解。温体仁则曰："是何足患！庶吉士有教读成例，成材则留，不成材则去，去之亦何难？"溥闻之，恚甚，乃缉其通内结党、援引同乡诸事，缮成疏稿，授伟业参之。伟业立朝未久，于朝局未习练，中情多怯，不敢应。时温之主持门户操握线索者，德清蔡弈琛为最，伟业虽拒师命，乃取参体仁疏增损之，改坐弈琛。体仁大怒，将欲重处，延儒从中曲解之，体仁、弈琛由此侧目溥。明睿又以刻稿衔之，时时督过。溥不自安，壬申，告请葬亲，给假归。

伟业以溥门人，联捷会元鼎甲，钦赐归娶，天下荣之。远近谓士子出天如门者必速售，大江南北争以为然。以溥尚在京师，不及亲炙，相率过娄，造庭陈币，南面设位，四叩定师弟礼，谓之遥拜，浼掌籍者登名社录而去。比溥告假归，途中鹢首所至，挟策者无虚日；及抵里，四远学徒群集。癸酉春，溥约社长为虎丘大会。先期传单四出，至日，山左、江右、晋、楚、闽、浙以舟车至者数千余人。大雄宝殿不能容，生公台，千人石，鳞次布席皆满，往来丝织，游于市者争以复社会命名，刻之碑额，观者甚众，无不诧叹，以为三百年来，从未一有此也！

武陵、苕、雪之间为泽国，士大夫家备舻艭，悬灯皆颜复社，一人用之，戚里交相借托，几遍郡邑。久之，卯河群盗多窃效，官司多捕获，当事颇以为诟。天如病之，力禁而不能止，而谤讟兴矣。

复社声气遍天下，俱以两张为宗，四方称谓不敢以字，天如曰西张，居近西也，于受先曰南张，居近南也。及门弟子则曰南张先生、西张先生，后则曰两张夫子。溥亦以阙里自拟。于是好事者指社长赵自新、王家颖、张谊、蔡伸为四配；门人吕云孚、周肇、吴伟业、孙以敬、金达盛、许焕、周群、许国杰、穆云桂、胡周鼒为十哲；溥之昆弟十人：张溍、张源、张王治、张搏、张涟、张泳、张质先、张灌、张涛、张应京为十常侍；又有依托门下效奔走、展财币者，若黄、若曹、若陈、若赵、若陶，则名五狗。而溥奖进门弟子，亦不遗余力，每岁科两试，有公荐，有转荐，有独荐。公荐者，某案领批、某科副榜、某院某道观风首名、某郡某邑季考前列；次则门弟子某公弟，甚至某公孙、某公婿、某公甥；更次则门墙，某等天如门下、某等受先门下。转荐者，江西学臣王应华视荐牍发时，案抚州三学，诸生噪鼓，生员黜革，应华夺官，后学臣相戒不受竿牍；三吴社长更开别径，关通京师权要，专札投递，如左都商周祚行文南直学宪，牒文直书"仰甘学润当堂开拆"，名为公文，实私牍也。独荐者，公荐虽已列名，恐其泛常，或有得失，乃投专札。尔时有张浦、许三生卷已经黜落，专札投进，督学倪元珙发三卷于苏松道马元飏，达社长另换誊进，仍列高等，是大妨贤路。局外者复值岁科试，辄私拟等第名数，及榜发十不失一。所以为弟子者，争欲入社，为父兄者亦莫不乐之子弟入社。迨至附丽者久，应求者广，才隽有文、倜傥非常之士虽入网罗，而嗜名躁进、逐臭慕膻之徒亦多窜于其中矣。

当天如之选《国表》也，湖州孙孟朴淳实司邮置，往来传送，寒暑无间；凡天如、介生游踪所及，淳每为前导，一时有"孙铺司"之目。两粤贵族子弟与素封家儿因淳拜居周、张门下者无数。诸人一执贽后，名流自负，趾高气扬，目无前达。乌程温育仁，相国介弟也，心鄙之，著《绿牡丹》传奇诮之，一时争相搬演。诸门生深以为耻，飞书两张先生，求为洗刷。两张因亲莅浙，言之学臣黎元宽。黎与两张同盟也，因禁书肆，毁刊本，究作传主名，执育仁家人下于狱，狱竟而后归。当是时，粤中叛命社局者，争诵两张夫子不畏强御。而娄江与乌程显开大隙已。未几，有苏理申文一事。

苏理刑周之夔字章甫，福建莆田人，素与吴越声气通，崇祯辛未，天如同榜进士，官吴郡司理，与社局诸人雅相善也。时东粤刘瞻文（讳士斗）亦同籍，知太仓州事，下车后，每事咨之。受先及天如告假归里，尝与瞻文密相左右焉。旧例：邑吏分考，每有纪录，故有司争欲得之，以郡临邑县，考房恒逊理官。癸酉南闱，之夔已谋定易三房矣，两张为州官地，临期骤易士斗，之夔心恨三人特甚。是岁，大风杀稼，斗粟千钱，太仓漕无输。士斗念切民瘼，与两张谋救荒之策，广访博采，得府胥宋文杰言："吴郡属邑八，而太仓、镇海两卫独隶娄卫军，军储四万九千石，多支长、吴、嘉、吴江、太仓、常熟七邑。考军储旧制：其初两卫之军原在本地支销，后来分支各邑，诚能使支独归太仓军储，越岁而收，又无增耗，即可减漕粮十之七，此目前救荒之善策也。"采大喜，即著《军储说》，甚言散征各邑之苦、独归太仓之便。溥为作跋语于后，因共谒士斗而详言之。会州民王延条陈荒政，亦以请复军储旧额为言。

太、镇两指挥陈邦、王时济申宪移州，士斗遂据之申文两院，言："娄民不幸，一岁两灾，风潮蟊蠹，斩我有秋，目击心伤，殆有不忍言者。向因申报两台，会疏上叩，无奈仓廪之可赈也。兹就时艰而言，必得大赐蠲折，可慰重地穷黎。然九边多警，度支告匮，则议蠲所不可得。至若漕粮，各邑灾荒，例于八月以前方许题折，乃今漕单久废，钦限愈严，则请折亦恐后时。夫以卑职菲材，滥膺重任，若输挽愆期，甘为子民受过。独念蕞尔一州，原割昆山、常熟、嘉定之边隅，坐枕狂流，近海之田，沧桑不一，腹里水旱多艰，植花者众，栽禾者寡，即大有之年，但以木棉变价易米，较诸各邑，大不相侔；况遍地不毛，米诚玉粒，从何贸易？且目前米价腾涌，白米一石贵至一两三钱，将来漕艘鳞集，价必愈昂。哀哀穷黎，即售土竭庐以应兑，如何竣事？卑职夙夜焦思，寝食俱废，多方存恤，自谓救援之无谋，辗转踌躇，孰是公私之两便？

"适灾民王延等议以各县额派太镇军储，抵本州之漕兑，卑职反复思维，此说似为可行。何也？盖州县各有起运，各有存留，揆情度势，不可更张。但娄之田地较之各邑低而且瘠，娄之风潮困坐海滨倍灾；且查征赋册载：两卫军储，原议派州不足，方以别县补之，盖因太、镇两卫坐居本州，以本州之粮给本州之军，彼此两便，军更乐从。若使娄之存留量给于各邑，亦不为过。今计太仓、镇海、浏河各卫所本邑军储，共该四万九千九十一石，内听州额原纳四千八百六十余石，其余向派长洲、吴县、吴江、昆山、常熟、嘉定等县。今以各该县之储米归之州额，彼本州两卫军官就近支领，仍以本州漕运扣还本县，以足彼此之额粮，设法调剂，诚救荒之一策也。"

时之夔署府篆，应监兑，得士斗申文，欲借此陷士斗，并倾二张，乘溥公谒，谬言未知军储原委，欲得《军储说》一观。溥信之，归以语采，采即手疏封进之。之夔遂坐溥、采悖违祖制，紊乱漕规，指士斗为行媚乡绅。六年十一月冬，揭之总漕及巡漕两学士，士斗与两张皆未之知也。十二月，士斗署昆山县事，运丁勒加赠耗，军民相殴，泗洲卫指挥张景文诬揭士斗减运米脚价，致激军变；巡漕禹好善疏劾士斗，疏中追论之夔前揭，言太仓州官不宜洒兑。得旨："刘士斗违法干誉，紊乱漕规，该部从重议处。昆山兑粮鼓噪事情，即着禹好善确议具奏部覆。"又得旨："刘士斗违紊漕规，致有嚣变，何得复留地方？着降四级调用。"士斗治娄清廉而有惠政，士民惜其去，负石叠垒国门以留之，倾国数十万人为之罢市。

两张于公会日面责之夔，之夔几无所容；又走书都门同人之仕于朝者，若黄石斋道周、蒋八公德璟等，言之夔无端倾陷循吏。石斋诸公皆不直之夔，其房师许石门士柔书达之夔，嘱其更弦改过，否则为时贤所摈，仕途难自振矣。吴门文文起震孟亦言苏州两廉吏俱被章甫逐去，盖同知晏日曙亦因讦典见斥也。之夔知诸公訾论，深自愧悔，具申台司，自咎私揭士斗之非，不忍令贤牧独去官，某今抱疴累旬，应与同罢等语。盖欲假引咎之言，冀人原之，庶几上台留之也。乃两张逐之夔之局已成，无可挽矣。

绅士为刘映蕲祖钱，两张举杯酹地曰："异日使贤父母独离地方者，有如此酒！"因令门人制檄文驱逐之夔，黏布通衢，檄中言："之夔受州同林朝钦厚贿，欲荐署州正篆，故揭去刘知州以遂其私。"乃先逐朝钦去职，时崇祯七年也。先是生员科试旧例：府州县官录送宗师，而后宗师录优者送院，之夔署府篆，考生童，惟凭请托，竟不阅卷。案出，各邑孤寒虽才高望重，俱落孙山。由是各学沸然，甚至抬城隍神像坐府署诅之；则诸生即非复社中人，亦恨之深也。至是年四月朔，乘之夔下学，诸生噪而逐之。之夔惭忿，申文两台，惟自劾，不敢及诸生，以为首皆权要之子弟故也，因杜门谢职。两台欲和解之，姑令署吴江篆以远避焉。之夔至吴江，则复社生徒再聚沈初馨家，复噪逐如郡城时。之夔审势不可留，乃始露章显讦两张，言已遵制遵漕，横被谤逐；又致札主盟文文起等，白其事；复专札达两张，与复社寻隙。

受先复书曰："日者刘父母昆山兵变一事，老公祖中怀不安，渐多迁怒，持剑争漕题，自督责不休。始仅及弟，今并及西铭兄，以两社门人闲入口语之内。清夜自思，不知其故。老公祖震电凭赫，弟寂无一言，诚以事关通国，无烦置辩；亦以子民谊当束身，知亡情甘唾面，久当睨息也。不意近日申文，竟以向来仁孝之思、霜露之感，尽云弟罪。弟何人斯，敢为造物受过哉？夫老公祖之屡请，各上台之代题，非田间人所与知，弟可嘿嘿。独'争执漕储'四字，有不得不平心剖析者：歙州军储存留，本由祖宗创制，关系防海。癸酉之秋，歙州风潮甚，太、镇两卫官军申复本地对支，州民即继请，刘父母遂于祁按台公祖询问救荒事宜，附进此议。既而州民公安乡绅令出公函，歙州诸大老为倡，弟与西铭兄不过随例署名耳。未几，复聚族而谋，谓时将临兑，恐言之无益，即移书如意，请息其议，嗣是绝口不复谈矣。

"至《军储说》者，弟叨辑州志，因旧记载向未编成，要西铭跋语。适西铭入郡，老公祖向之索取，遂于公函中附进者，所以复台命也。事之颠究，昭昭耳目，老公祖亦历历在心，岂其一旦忘之？据称争漕护漕，弟实不解。窃谓言护漕则必有误漕者，歙州独先完运，未有误也；言争漕则必有相与争者，歙州绅士忘于无言，未有争也。且军储之议，歙州人请之，即歙州人止之，无论老公祖未尝出片词争执，且其事亦无所用其争执也。两番公启与老公祖两番报札，姓名词旨，斐然具在；乃戈矛横起，梦想不及。西铭生平隐恶扬善，老公祖亦称其诚厚，因弟迁怒，今忽首旨，又何心乎？弟麋鹿性成，长卧林麓，成败得丧，久付度外，何暇与人角口？但念老公祖十年交谊，口出恶声，委巷之子，犹不忍为！又恐老公祖果病，忘其常事，敢书以相质。可告朋友，即可告君父。区区之怀，聊毕于此。若老公祖必借不合时宜之人为富贵显达之地，弟惟义命自安而已。"

之夔得书，以词直不能难，两台批申，不允请病，之夔乃于九月十六日改告终养，两院始为准题。部覆："周之夔争执军储，奉公维法，肩劳任怨。至谓援引养亲之说，亲兄尚在，养例不合。"得旨："照旧供职。"之夔遂于八年二月初三日复任。莅任匝月，郡中绅士无一投刺见者，之夔知人情不悦，自春徂夏，强并谢事，屡乞文休，两院具题，奉旨准致仕。七月去任，八月抵家，一日，母随殁，具报丁艰。之夔通计在任俸足三年一阅月，各院正荐十二次，提荐三次，纪录一次。自此告致休职，不及考满邀事父母，心甚恨之。濒行，草《复社或问》一编，传送以去。

中州名宿吴钟峦（字峦稚），宜兴周挹斋诸生时授业业师，钟峦为之延誉于四方，宜兴之登巍科，其奖借之功为多。钟峦狷介有守，宜兴贵为首揆，未尝有所干请。癸酉春，钟峦游吴，谒文湛持，天如与之邂逅席次，言论丰采，迥异时流，天如心重之。询及宜兴，曰："挹斋坐客皆声色货利之辈，绝无一文士，吾不乐近之。谢政后，始往一见耳！"天如益重其为人，力为引掖，得贡入北雍，复嘱湛持言选司，授宛平教谕，以便入场。是年，得膺顺天乡试荐。明年甲戌，会试。

先是，湛持将赴职时，郡绅饮饯于徐九一之止水。天如谓湛持曰："明年会试同考，公必压帘。今海内举子不愧会元者，惟陈大士暨杨维斗二人耳，幸留意！"湛持曰："天下人读大士文取巍科者不知凡几，而大士久困，吾此番当收之夹袋中。"天如转语项水心煜曰："然则维斗乃公责也。"水心亦首肯。天如又言吴峦稚久为海内师范，此番不可不使之释褐。两人唯唯。比入闱，湛持压帘，觅得大士卷，袖示水心曰："昔为老社长，今作老门生。"水心狡，欲会元出己房，乃持一卷示湛持曰："已得维斗卷矣，大士、维斗与吾党交情，无少轩轾，但冠冕天下，与其邻省，毋宁吾乡。"湛持乃持卷细阅曰："诚维斗焉，何得不让？脱非维斗，奈何？"水心曰："今场屋中谁能作此等文者？若非维斗，当抉吾眼悬之国门。"湛持见其真恳，遂许之。旧例：会元必让压卷，填卷在末后。时主司注视项卷，湛持反为逊谢，出己卷先填，而让项卷冠军。及拆卷，乃李青也。湛持恚甚，然已无如之何矣。煜缪负罪，湛持正色曰："此举不惟负大士，并负张天如矣！"榜发，钟峦亦中式。同帘薛国观出告体仁，以其《国表》姓氏查对，见中式者多出复社。体仁后欲废科目，用保举，以此。

社事以文章气谊为重，尤以奖进后学为务，其于先达所崇为宗主者，皆宇内名宿：南直则文震孟、姚希孟、顾锡畴、钱谦益、郑三俊、瞿式耜、侯峒曾、金声、陈仁锡、吴甡等，两浙则刘宗周、钱士升、徐石麟、倪元璐、祁彪佳等，河南则侯恂、侯恪、乔允升、吕维骐等，江西则姜曰广、李邦华、熊明遇、李日宣等，湖广则梅之焕、刘弘化、沈维炳、李应魁等，山东则范最文、张凤翔、高弘图、宋玫等，陕西则李遇知、惠世扬等，福建则黄道周、黄景昉、蒋德璟、刘长等，广东则陈子壮、黄公辅。诸公职任在外，则代之谋方面，在内，则为之谋爱立，皆阴为之地而不使之知，事后彼人自悟，乃心感之。不假结纳，而四海盟心，门墙之所以日广，呼应之所以日灵，皆由乎此。

是时，议起废，欲推举钱谦益，而阁部折之坚，乃共推文震孟、侯恂、倪元璐、刘宗周、姜曰广、黄道周，相继登用。又复引掖后进，内而中行评博，外而推知有名望应考选者，俱力行荐拔。其六部迁转，及台省举劾，皆得与闻。天如虽以庶常在籍，骏骏负公辅之望云。

当黎元宽之究治书贾也，两张以为快，而温氏子弟以为辱，入京达之体仁，使为区处。体仁久震复社，得家报愈大患，并恶元宽，欲逐之。黎元宽字左若，南昌人，少负才名，戊辰拟中会元，三日，以他故改第二，其第三名即张采也。采与元宽虽同社，而未得识面，释褐日始聚首。两人才名久著，俱有馆选之望，然以才锋大露，故皆失之。元宽授礼部主事，公务之暇，惟作诗文，远近传录，几于长安纸贵。考满，升浙江督学副使，通敏勤职，然以知交广，颇徇情面，声望稍减。既从两张之命，开隙乌程，体仁遂进密揭，言："各处提学官进学冒滥，以致士风颓靡，文体日坏；乞降明旨，令部院查核处治，庶可挽回士习，以振兴学政。"奉旨下部查核："惟浙江学臣黎元宽，臣部磨勘解卷，大约标新拔异之意多，返雅还醇之力少。据取钱塘学一等第一名金翀'以能问于不能'全章题起讲云云等语，皆属说梦，又'是奚足哉'三句题尤背题旨；嘉兴府学第一名袁祚亨'志于道'四句，其起比后比云云，竟似吃语，又'彼白而我白之'至'无以异于白人之白也'题起股云云，更属荒唐，而学臣公然前录，何以式众？所当循例查参者也。"元宽遂革职，时甲戌十二月也。元宽被处，半由社局起见，自此，复社诸公参论体仁无虚日矣。

两张既与乌程有隙，乌程深虑溥虽在籍，能遥执朝政，乃令心腹往官吴地，伺其隙而中之。闻江南缙绅优免徭役，偏累小民，又多纵奴仆欺诈闾里，疑清河尤甚，因选御史路振飞为苏松巡按，使图之。路按御至松，即具疏曰："臣闻国在赋役，赋役关乎民生，故均则众擎易举，偏则独累难堪。吴民之苦于役，有不可胜言者：江南缙绅蔚起，优免者众，应役之田什仅五六；再加隔邑官户占籍优免，应役者什仅四五；大户之有力者，又通官奴，诡寄花分，应役者止三四已。凡承重役，无不破家，应役卖产，仍归官籍。于是大户不足，役及中户，中户不足，役及朋户。穴居野处，无不役之人，累月穷年，无安枕之日。彼官宦族党奴仆坐享高腴，耳不闻当差一字。不均如此，其何以堪？况有轻粮如军储南运各项，耗费较省，或为请托，或为暗卖；若漕粮重务，独派小民。恐反裘负薪，皮毛俱尽，孰与共赋役而办国计哉？

"臣已重申典例，凡绅宦各以现住原任品秩免所应免外，余田悉照民间一体当差；其隔属寄籍，与官户已故者，概不准免，仍令县禁其诡寄花洒，严处卖富差贫之总书。而轻粮一项，年丰各县均派，以同其甘苦；岁俭荒区独任，以恤其灾疲。但查赋役不均，前经奉旨严饬，而不均如故，皆由强梗挠阻，吏胥作奸，有司奉行不力，故一番调剂，终成故纸也。伏祈敕下该部严行禁止，使小民无不均之嗟，地方幸甚！"

奉旨："豪绅占免诡寄，奸蠹贿结花分，致重役独累小民，深可痛恨！路振飞即通饬有司，恪实力行，有强梗阻挠、守令畏徇的，指名参来重处。"

阅数日，振飞按部莅苏，又惧民蠹实多，疏曰："江南之民，一困于赋，再困于役，盖已皮尽而骨存矣。不意又有如蝇如蚁，吮血嘬骨，破其骨而吸其髓者，曰衙役。夫衙役有额设者也，江南则千百成群，各有顶首，占踞衙门，吞噬百姓，一役而父子兄弟传为世守。里下之都图区甲，各有分司，无一人不害民，无一事不扰民，而总书为尤甚。诸如皂快之鸮张，捕役之蔓害，不一而足。虽屡经禁革，如扇驱散而复聚，有司以忠勤而信任之，害益不可言矣！

"又有为狐为妖，窃威逞□，使人触之立碎者，曰豪仆，俗谓之鼻头云者，吴音呼嘴为主，以其主在，而反居主之上也。借主之权势，每以假尸抄捉，扛抬钉对，修往年之睚眦，争久卖之田产。且门墙连户，百党聚会，小民畏惧，甚于乡绅。门宦者不知也，有司忌器而姑容之，实有不可言矣。

"又有如狼如虎，咆哮市肆，使人谈之色变，闻之心悸者，曰恶棍。歃血会盟，恃众藐法，各处有天罡、打降之不一其号，而天罡中又有文武大小之不一其人。斗殴则此投彼诉，讦讼则伙告伙证；或报私仇，或假公愤。遇可欺则凌，遇可欲则夺。屡置之法，憨不畏死。

有司以人众而不治，害益不可言矣！而又有分身法，父役公堂，子投宦族，兄弟与恶少为缘，兔窟相匿。又有合身法，被告则役通消息，求赎则仆作先容，意所不惬，则恶少为之瞑目。三者之为地方害，人人痛恨之，人人能言之，今使以里胥之有无需索，定有司操守；以宦仆之有无纵恣，定有司之风力；以乡村市肆之有无弱肉强食，定有司之政教。恳祈明旨，严饬有司，同心救民，违者容臣不时参处，民庶几得安乎！"

体仁见疏，即手拟旨："这奏内衙役、豪仆、恶棍皆为民害，即着痛革严惩。如有徇玩乡绅庇纵的，路振飞不时参来。"

张溥之父翊之失欢于其兄大司空辅之，辅之有仆陈鹏、过崐，又从而构之。鹏善笔札，主人章奏书牍，皆出其手；崐长于聚敛。司空宠之甚，因此内外家政，事无大小，必由两人。翊之以主分临之，两人益恚，至刺翊之，司空不觉也。溥啮血书壁曰："不报仇奴，非人子也！"两奴闻之，笑曰："塌蒲屦儿何能为？"以天如母本婢也。受先闻之，愤谓溥曰："我二人日后苟得志，使两奴得生盖载者，非夫也！"岁丁卯，受先举于乡，当树棹楔，末有八字，受先欲锯去之，曰："是大类鼻孔，吴下鼻头最坏事，其除之。"匠与亲友皆难之，云无此例。受先不能强，曰："吾有法于此：从前鼻向外，故奴多出外生事，向内或差。今即不之去，鼻宜朝内不朝外。"故受先植楔木，八字孔独向内，其托志如此。及戊辰联捷，作书约同年缙绅毋得收投靠家人。吴下薄俗，为之一变云。

路振飞按娄东，溥言陈、过二奴于四府理刑黄瑞旃、徐曰义、徐世荫、雷起剑，达之当道，檄拘陈、过二奴，下之崇明县学。知县颜魁登授意狱吏，暗毙之。振飞任满，继为巡方者上虞祁彪佳□□□□□□□之婿也，轮差时，亦密有旨授按部。时适两张治衙蠧，有奸胥董寅卿者，南赣抚军陆文献之仆也，为库吏时，侵盗钱粮，加派病民。两张致意祁公，立毙之杖下，太仓之害顿除云。

卷之三

正月考选，吏部题截俸行取，将在京俸足中行评博，及行取推知等官，逐一考选，分别科道部属等官。是时秉轴者皆浙人，以故冢臣门人张缵曾、少宰张捷之侄张孙振皆恃奥援，意为必得。而是时吴门望重，旧台省多附之，掌垣、掌道又为门墙声气，所欲进者宋学显、叶高标、何楷、张盛美、胡江、郑尔说、徐耀诸人为最，已定之为科道矣。乃缵曾、孙振为所轧，仅得部属主事。部堂俱不悦，觇知体仁之姻商周祚、门人薛国观皆未入选也，因怂惥体仁，揭请皇上御览与诸考各官官守乡评实绩，钦自点定，谓之改授。以故汪惟效原拟兵科，今授户科；王之晋原拟陕西道，刘昌原拟浙江道，程源原拟江西道，荆永祚原拟福建道，王正志原拟广西道，辜朝荐原拟山东道，今俱改给事中；郑尔说、胡江改部主事；张缵曾、张孙振改授御史，余俱依拟。

郑尔说系孙淇澳之甥，胡江系马君常之门人，皆已入台而改部，缵曾、孙振皆已注部而改台，人咸以转移疑体仁，胡江等因心恨之。又何楷、张盛美文章治行，社局所推，复为权要所掁，公论为之惋惜。明日，吏部又奉上传，部属何楷、张盛美俱改授科道。体仁与铨部亦莫测其得之之由，因此益忌之云。

是年，冢臣为谢升，宪臣为唐世济，考功郎为蔡弈琛，皆浙脉也。掌垣为卢兆龙，掌道为卢元宾，颇与声气合。南冢臣为张延登，考功郎为屈动，各以门户修隙。而最腾论议者，北察用胡浩然，南察用罗元宾。

自秦寇之再入楚、豫也，南京枢臣吕维祺以凤阳单弱为忧，疏请淮抚标兵移镇汝宁，当贼来路，毋使得近中都。乃淮抚杨一鹏老眊畏贼，使人至阁臣所，求为之地。体仁遂票旨：淮抚督漕任重，不必移镇。乙亥正月七日，贼自汝宁攻凤阳，中都失陷，焚毁皇陵，体仁因具慰安圣衷疏。适江南绅士有公揭投入各衙门曰："前日当国者欺罔圣明，自哆票拟尽职。夫票拟之失，孰有大于私顾门墙、徇庇乡曲、祸及陵寝者耶？国家二百七十余年，仇耻莫过于是！则不必移镇之旨误之；虽祸陵者寇，而纵寇祸陵者实票拟者为之，岂得谓非其罪也？我辈臣子当穴胸断胫，明目张胆，求正厥辜，以雪此耻，以复此仇！"揭布，人情为之震悚，于是给事中刘昌期"欲收灭贼之胜算，先斥误国之枢臣"其疏上，吏科许誉卿直攻体仁，宋学显继之，御史张盛美又继之。上谕：淮抚杨一鹏锦衣卫逮问，张凤翊戴罪视事，阁臣置不问。

刑部主事胡江疏参首辅温体仁，疏比他疏语加厉。

上降严旨：胡江借端攻讦，诬蔑大臣，着锦衣卫逮下刑部法司究罪。

时浙人党魁张捷用事，护持其党甚力，冏卿史堃前任御史时，参劾异己，恣意倾排门户，欲处之。堃先巡按淮扬，娄贿甚多，天如嘱扬郡春元郑元勋廉之，备得其赃迹，乃以款单达之台省。传单时，捷力为之地，而莫能得，堃自此被察，传旨逮问，下狱追赃。

蔡弈琛父起家一榜，未仕家贫，与同郡胡浩然交好，少结姻娅。及浩然成显宦，门庭盛炽，弈琛躬往修候，服御俭素，浩然心易之。知交询问东床贤否，浩然曰："一长可取。"谓弈琛徒有伟干而无他材能也。弈琛闻之心恨。及成进士，其戚体仁为首辅，弈琛迁考功郎，掌案，列胡浩然十事，皆赃迹，遂入察籍。谓人曰："彼往日语吾一长可取，今彼有十短宜罪，可速归矣！"其睚眦必报如此。

刘宗祥钦差四川巡按时，少宰张捷以成都知县贺儒珍嘱其举荐卓异。后儒珍有秽声，宗祥疏参之。比宗祥回道，捷欲罗入察籍，文湛持为护持，始免入。宗祥遂疏发捷徇私嘱托，庇佑墨吏，以所投私书达之御前，几被严旨谪斥。乌程密为之地，捷始得安。

乙亥京察，张溥虽庶常，得与闻察事，以前会元刻稿事恨李明睿。时为掌院者，姜曰广也，系溥座师，与明睿同榜同官。曰广避嫌，乃先致书明睿，使知有人欲处之，而己不开送，以示德。拾遗仍用之，而委其责于台省。是年，明睿虽幸免，而拾遗仍被纠。后明睿知被处之由，疏参曰广，亦以私书入奏，曰广疏辩，两相讦奏，纷纷几至不可解云。

浙人主察者，南部较之北察尤偏徇。在佐察者南考功屈动为社局仇，前甚嗔罗元宾，至处史堃拾遗疏，亦罗入考功法，以南部而制北部之命，大是变局。

南左都张延登于计典持议稍平，而当局者欲处南本兵吕维祺，延登以维祺负时望，恐招物议，称病注籍，大计疏上始出。后维祺终以阻内官一疏，为体仁所不喜，被拾遗去。

甲戌会榜发，弈琛以《国表》姓氏查对，见新进士多出社局，大异之。因思变取士之制，以禁其将来，且可进其私党；又念事关重大，未易举行，踌躇数月，未得其便，拟伺间论之。

东林、浙党各有籍，开列某处应用诸人，持局者传授弈世，不敢少变。庶常郑鄤乃振先之子，少负才名，尤为浙人忌嫉，于鄤未起用之前，先推毂吴宗达入相，盖欲因之以螫鄤也。比鄤补官编修，惧体仁抑之，逢人肆诟，言吾必纠之；特以用虚声为恐吓耳，未见果施行也。体仁决计黜除，先从宗达处购得鄤昔年杖母揭帖，草奏纠参。一日，诸臣在直，言及翰林升转，论资不论俸，文震孟从容言："郑鄤阳俸虽足，年资甚深，应进宫坊。"体仁艴然袖出一揭，拱手谓文曰："正有一揭上达，欲借重大名，今若此，则不敢烦矣！"推案而起，遂投进特纠灭伦词臣揭，时己亥十月也。

河南抚臣□□□疏报饥民从贼，寇势燎原，上拊膺叹息，夜不成寝。体仁揭言："中原寇盗之多，由于民之从贼；而民之轻于从贼，由于饥寒之迫；民之困于饥寒，由于贪官污吏之朘削。臣日夜思维，弭盗之方，莫如慎择守令。诚使守令得人，则民生安；民生既安，自不肯从贼，而贼势自衰。此追本穷源之道也。臣观今之守令，大半出于进士，盖进士出身，但凭三场文字取中，房师主试不能预知其人之长短，未免贤愚互收，贪廉杂取。况人材之生，迥不如古，贤者少而不肖者多，则当今取人之法，不可不思变通之计也。太祖高皇帝洪武四年，一举制科后，以其徒有文词而鲜实行，六年即罢科举，尚用征辟。有经明行修、怀才抱德、贤良方正、人材孝弟诸科，郡举于朝，以次除用。盖荐举，亲见其人之才品而后荐之，非真实贤，不轻荐也。故其时得人为盛。但国初风俗淳厚，人情谨愿，所誉无不得当。今法纪凌夷，人情习玩，而贿赂在所宜防。臣请易其名为保举，其所举之人，果称任使，即谓所保得当；如本人一有过犯，即谓所保不当，举主一体连坐，庶人心悚惧，莫敢行欺而滥荐也。所举得人，则守令皆贤，而百姓安全；百姓既安，即驱之为盗，臣知其不愿矣。"

上览揭，手报曰："卿所云诚救时硕画，人情既有身家，自然不愿为盗贼，安得贤守令以爱养吾民，使不从贼乎？但科举从来已久，岂能遽废？卿当更熟思之！"

体仁复揭言："国家科目用人，行之二百五十余年，一旦议更，人情必然不欲。但今讲求变通之法，故不得不出于此耳！臣以为科目虽未能遽废，保举请暂一举行。俟其考成，以两者相校，若科举得人多而保举少，则请仍行科举；若保举得人多而科举少，则请专行保举。"上从之。

保举命下，社局主盟集同志谓曰："若吾等止行科举，吾等三年始得一出身，若保举，可岁岁登进矣！"乃传示各邑社长，推择经济博达之士，能兴道致治者，与才力智术能排斥异己者，汇造一册。又马君常与天如言，宜用忠谏后人，乃坐名推举知名者：新建陈洪绪，桐城左光先，无锡高如麟，南昌万六吉，莆田黄以升，吴门徐鸣时、张世炜，昆山陆逊之，太仓沈绵应、黄翊金，宣城沈寿民，永州袁耀祥，桐城阮之钿，慈溪秦俊德，山西辛全德，关中秦所式，临川曾式九、李茂实，武陵朱常湄，陕右张兆、朱黑，江右由栻，怀宁蒋臣赓，皆登启事，一时称得人云。

吏部开送保举人员姓名，弈琛以复社党目查对，反居大半，以告体仁。体仁大骇曰："为之奈何！"弈琛曰："闻上急于程效，将来保举一途，定于期年考成，信否？"体仁曰："然。"弈琛曰："社局诸人既得任职，自能有力进身，是入台省者较之两榜反捷。尔时参论吾党必力，患尤剥肤，是以保举适以自戕也！"体仁憬然曰："念不及此！然则并废行取何如？"弈琛曰："恐未易行也。"体仁言之："内阁票之，何患不行？"

　　弈琛乃诣韩城，为述体仁语，薛国观曰："此事大乖物情，恐衙门与吾辈合者亦无人敢任，若异己者知所由来，必万矢丛集矣！以愚所见，莫若令皇上青衣布袍斋居武英殿，以火星逆行，下诏求言，许民直陈时政缺失，纳奏应行事宜，以弭大灾。乃募一有学识秀才，或博闻强识布衣，授之意旨，或缮疏与之，令其出名上奏。士民不识忌讳，言纵戾常，无关理乱。乃假借明旨行之，且录其人，破格尊显之，以示必行之意。斯时即举朝议论纷纭，政地与言路皆不任咎矣！"弈琛大喜，乃与体仁密授意阍吏王藩，使四出求其人，如所画以为之云。

　　丙子春二月，淮安卫三科武举臣陈启新奏："为独违时尚，宜直布病衷，泣陈天下大病根，力复祖制，以破群迷，急解民厄，以平诸乱，果世登上理，臣死有余荣事：恭惟皇上屡旨清问，与圣人之畴咨无异，臣生逢明圣，曷胜慰荷！而无如世道如阱，时切隐忧。何也？顾今日文明盛矣，制度详矣，臣下未见有巨慝权奸者，何以曰阱？臣正谓崇尚文辞，而鲜实效，因循苟且，而制度废弛，臣下工射利徇情，而误国殃民，尤甚于奸慝矣。此臣习贾谊之痛哭流涕，盖已有日，自伤卑贱，不敢遽言，尚冀有能言之者。乃面奉圣谕，竟无一人告者，何也？因诸臣迷于情利之局，故不能作局外观、具局外语也。臣旁观甚清，所以不敢不言。皇上宵旰之劳，拊髀之思，便殿之居，责躬之谕，减膳撤乐，且欲与行间共甘苦，是上有尧舜之君，而群臣悠悠忽忽，不能仰取宣布。谚云'有君无臣'，岂不信然！臣寸心莫遏，所以不忍不言。

"窃谓今天下有三大病根，总成迷局：一曰以科目取人，是病根也。今日文章之士，孝弟与尧舜同辙，仁义与孔孟争衡，及其见于政事也，恣性情，任喜怒，所云孝弟仁义，竟成纸上空言。计其幼学之时，莫不谓读书可致富贵，莫不谓读书可荣身亲。迨历任既久，又莫不谓读书可卜封荫。自此三者而外，谁复思有君而我致，有民而我泽者乎？臣所以效贾谊之痛哭流涕者此也。则亦何赖以科目取人哉？

"一曰以资格用人，是病根也。伏考国初曾以典史冯经任金都，以贡士彭有信任布政，以秀才曾泰授尚书，何尝以资格限之？嘉靖中，犹三途并用，今则惟尚进士一途，贡生官止于贡，举人官止于举，界限既分，菀枯遂判。贡生明知前途无路，取如是，不取亦如是，

毋宁多取以为身家计乎？举人明知历任有限，贪如是，
不贪亦如是，毋宁多贪以为子孙计乎？若进士，则朝廷
之爵，皆其砧几上物，天下之官，皆其朋比之人，嘘成
一气，打成一片，贤否莫问，贿赂通行。诚有如圣谕所
云'明旨可藐，暮金自如'者。臣止就见闻一二言之：
如禁肩舆，未尝不许其乘马，长安道上，数日前，犹半
肩舆。即此细事，尚不之遵，况值财利之大者，安望其
不藐旨而趋之乎？如禁交通，未尝不处其违玩，而诸臣
私第，谁无亲故径窦居间？辇毂之下，尚不之遵，远方
外郡，又安望其恪守乃职，而不入暮金乎？设有一二清
廉自爱者，且共目为矫，共訾其异，其谁肯为孤注之掷
乎？臣所以效贾谊之痛哭流涕者此也。则亦何取以资格
用人哉？

　　"一曰以推知行取科道，是病根也。旧制，给事、
御史，以进士、举人、教官等项除之，后又以行人、
博士、中书，及行取推官、知县充之。弘治中，又以
助教、教官兼选。嘉靖中，犹令行取推官、知县进士
三分、举贡一分考选。今则惟以进士选矣。夫推知选科
道，若谓其谙练世务，熟识民情耳。审是，则中行评博
当不入选矣！既中行评博可选，是亦无用其谙练熟识，
则推知可以舍矣。盖推知行取科道，无异民间窝访作奸
之辈，谋入上司衙门，名为躲雨者。夫推知何仇于臣，
而臣必欲塞其向往之路哉！盖为民怨之而不敢言也，民

怨不敢言，以致其为盗也。今之为知县者既失爱养，复加暴征；暴征不已，复益赎锾；赎锾不前，梃而立毙者不知凡几！不胜刑挞，迫而走险者不知凡几！梃政兼杀，酷以济贪，沟壑中皆瘠民，庖厨中尽肥肉，民之憔悴于虐政，未有甚于此时者。以皇上之行仁，有司从而扦格之，奉蠲停而追比如故，焚火耗而勒索愈加，使民积蓄无余于三冬，罔嗟剜肉之苦；新丝已卖于五月，莫窥敲骨之苦。民既畏官如狼虎，畏政如水火，安得不畏世如陷阱乎？所以然者，良由行取科道也。彼受任时先以科道自居，谓异日吾能举劾人，能荣辱人。及至地方，上司竟以科道相待，谓彼异日可举劾我，可荣辱我，结交可为膀臂，投契可为奥援，敬畏之不暇，又何敢忤其意，制其行乎？故虐民剥民，颠倒民，凌毙民，无不肆其所欲。可怜蚩蚩之民，叩阍无路，赴诉无门，举疾首蹙额而相计曰：'与其罹罪而速死，毋宁逃亡而偷生；与其立为杖下鬼，毋宁且为釜中鱼。'于是咸以从盗为得计，遂倡之和之，而半中原皆盗矣！臣所以效贾谊之痛哭流涕者此也。若夫推官掌一郡之刑名，寄巡方之耳目，权能生杀人，势可威逼人。加之自恃为科道，人恃为科道，而不擅势横行，要挟有司、凌虐僚属者有几？有不纵容衙役，窝访市访，报睚眦，图厚利，害平民者有几？骄恣如是，下民又可能安其生乎？民既不能安其生，又能已于乱乎？则又何取于以推知为科道哉？

"夫国家受此三大病根，依然章句日闻，党与日盛，苛暴日加，罗网日密，惟利是好，非情不行，竟成一迷局，举世尽醉梦中不醒矣！每见青衿中朝不谋夕者有之，一叨乡荐，便无穷举人。及登甲科，遂钟鸣鼎食，肥马轻裘，膏腴遍野，大厦凌空，此何为乎来哉？嗟嗟，财聚则民散，财散则民聚。今之财，苟其在下也，今日输税赋，明日输加征，犹有入之之日；即其在上也，今日发内帑，明日发京库，犹有出之之时。独至侵夺于缙绅之家，则何日得其出而流通于世乎？不独不出也，彼且产无赋，身无徭，田无粮，廛无税，其所入正未有艾也。即或有时出焉，非买科第，即买田宅，买升转，而出一无不获百者，况出而世世买科第，则世世以一获百矣！夫天下有数之财，岂能当此永聚不出，而使永获入者乎？又何怪乎朝廷匮，闾阎空乎？

"人谓汉之财耗于匈奴，唐之财耗于藩镇，宋之财耗于纳虏，皇明之财耗于九边；臣谓非耗于九边也，耗于诸缙绅也。因而胥吏效之，舞文作弊求获也，项首遂至数千数万金；隶卒效之，明奸助恶求获也，项首亦数百数千金。因而将士效之，求获于偷安蚕食，兵法坏矣，而将士以疲；官旗效之，求获于干折盗卖，漕法坏矣，而商灶亦困。何也？凡有败露，仍诸缙绅治之，有罚赎，仍诸缙绅收之，以故富者贫，贫者怨，怨极思乱，而盗起由此也。今日诸臣又求获在全身保家，而欺罔犹是也，今日兵将求获在乘机掳掠，而削弱犹是也。上好下甚，薰蒸习染，日趋日极。若病根不痛加攻除，迷局必不能破，盗贼必不能息。盗贼不息，内而元气受伤，奴虏必不能灭。奴虏不灭，外而神气再亏，势不至举皇上之天下，断送于章句腐儒之手，不止也。

"臣尝欲唤醒众人醉梦，急救民生倒悬，故狂言无忌。然臣言出口，臣身必死矣！以拂人所好当死，以触人所忌当死，设自皇上殊恩，即待臣以不死，而举天下何地无推知，遍朝野何地非进士？聚众之唾，可以没臣之身；萃众之口，可以销臣之骨。与其死于嫉妒之手，不若就皇上刑西市，以为天下后世出位妄言之惑为愈也。

"再陈治病之急有四：一曰速停科目，以黜虚文；一曰速举孝廉，以崇实行；一曰速罢推知行取，以除积年恣横之陋习；一曰速蠲灾伤钱粮，以苏累岁无告之颠连。夫停科目，非臣创论，太祖尝行之，见于《通纪》可考。今复祖制而行之，则诸臣不至争立党羽，固结情面，而世臻上理矣。举孝廉，行超擢，亦非臣臆说也，列祖尝行之，昭昭布在方策。今遵祖制而行之，则人尽安分，不但进士咸奋为名儒，即贡举亦不自画于不肖，而世臻上理矣。至推知一罢行取，则推官自居为推官，知县自居为知县，道府可制推知，推知亦知畏道府。从前骄恣之习，难以复遏，去其害民者，则民生足矣。民生既足，盗自寡助；盗寡势孤，不招自归，盗息民安，而世臻上理矣。

"目今四郊多垒，庚癸频呼，蠲停钱粮，恐未易言也。然臣有说焉：二祖开基，兵农合一，令军什三，备操什七，屯粮食土，粮力守卫，万代善术也。使长守不变，何至募兵代卫士，而以输将为年例哉？臣尝论国家之患，半在文士，半在募兵，兵不耕而食，失意则哗，殆可畏焉。臣窃思今日不急复屯政，天下终无宁日也。盖财敛于中，上与下交困，免加派，兵无以饷；行加派，民不聊生。非屯兵莫救也。犹记万历四十五年，张抱赤上《兴屯书》，缊缊二万余言，深为屯政硕画，臣怪当日何寝阁不行也！倘皇上加意于此，幸缓臣须臾之死，容臣缮本另进，虽时异势殊，稍加损益而行之，实天以久塞之泉源，待皇上疏通，成中兴不世之美政也。

"迨至饷充矣，兵足矣，然后访求大将而任之。耕渔屠钓中，宁无伊、吕、韩、岳其人，为皇上治乱持危，灭虏剿寇者？缘病根日深，迷局日固，豪杰即出，而掣肘者多，虽超乘之材，将安所施？又何怪乎裹足而不至哉！虽然，将亦难言之矣，仰鼻息于文臣，听提缀于下吏，自文官视如奴隶，故三军遂玩若匏瓜。威望既不重于平时，号令何能施于对垒？故虏寇之来，风闻先溃而莫制；虏寇之去，侦望狼狈而不前。惟事掠拾余赀以满壑，执杀难民以杜口，此兵之第一能事。以致民之畏兵，甚于畏贼。生灵涂炭，几高白骨之山；即郡县凋残，已见金瓯之缺。今兹皇陵震动，汤沐受伤，皆由任将不专之所致也。臣以为当征求名将，既得其人，即当礼聘。凡军国重务，悉以委之，予以尚方，便宜行事；有司害民者，亦俾处分，罢一切监制。今天下晓然知皇上不惮屈己重将，以削平祸乱也如此；知皇上以除民贼之任亦付之大将，大将破陋习以救民也如此；三军亦知天子之重其事而隆礼于我将也如此。军气自壮，兵威自肃，行见壁垒改观，旌旗变色！此一役也，民怨可平，寇贼可化，以慰皇上上悯下疚之怀不难矣！伏望皇上审时酌理，毅然独断，毋徇群工而滋惑，毋因游谈而废言，臣虽死当快愉也。

"臣家世淮阴，八岁丧父，母刘苦节三十六年，纺绩育臣，幸邀武科。是臣有母尚未终养，年四十尚未有子，有母无后，遽以死言，是天下之大不孝无过于臣者矣！但臣不言，知必无言者，臣及今不言，后虽言有无益者，故不惜冒死尽言。臣虽死，知皇上必怜而怜存臣家臣母，即为臣养不亏；臣虽死，知后臣必有以臣为忠，即属臣后未斩。臣不为势阻，不为威惕，捐糜沥血，以上告圣明，臣曷胜悚惶待命之至。"

奉旨："开科取士，原属典制，其中岂无才能，何可尽罢？举孝廉、罢推知行取，与求将兴屯各款，该部

确议奏夺。张抱赤《兴屯书》着即进览。陈启新敢言可
嘉，着授吏科给事。如遇不法之事，许直陈不讳，各衙
门一体相待，若有排挤轻侮者重处不贷。"启新旬再
疏，进张抱赤《兴屯书》，得旨留览。

广东道御史詹尔选题"为敬循职掌，明剖是非，以
定人心，以塞乱源事"，略曰："高皇帝钦定御史职掌
内一款：'凡学术不正之徒，上书陈言，变励成宪，希
求进用；或才德无可称、挺身自拔者，随即纠劾，以
戒奔竞。'近者陈启新一疏，亦或从愤激中来，然何
至论及制科与知推，贪污不肖，一至于此？甚而欲大将
登坛，以尚方剑杀有司，创此不经之论也！高皇自设制
科以来，迄交三百年，从无废弛；间有大过□，次年即
为补行。岂不偶行征辟，而毕竟以正科为主，孝廉为
副。以故名卿硕辅皆于科目中得之，士亦未尝尽负国家
也。故谓科目皆贤，固偏辞也；谓尽无贤，岂非诬指
乎？即谓推知有不肖，诚确论也；谓皆不肖，岂遂为公
论乎？臣僚如此其众矣，皇上进一启新，以愧励群臣，
岂足为异？但天下之为启新不少，恐此途一开，四方传
食之徒，孰不欲富贵？孰不蓄睚眦？裹粮而至者不知凡
几！囊空望奢，作何散遣？不审皇上何以处此也。为今
之计，愿皇上立召九卿科道，令启新觌面敷陈，罄其底
蕴，使廷臣识其言论丰采。果有他长，使天下知启新特
达之遇，本不偶然。庶几怀挟私意、希图躁进者，皆

有所惕而知畏，则人心渐定，而乱源可塞矣。"奉旨：
"陈启新以敢言特擢，奉旨甚明，詹尔选何得又行渎
扰？姑不究。"

詹尔选疏入，陈启新具疏辞职，通政司格不上。启
新疏再参纳言违背祖制，阻折言路，自击直鼓以闻。奉
旨："陈启新着恪遵供职，不必因言求退，奏内下马红
牌不遵，殊属玩肆，着严行申饬。"

詹尔选再疏参启新，严旨着缇骑拿送狱。阁臣揭
救，奉旨："奏内事情，前旨甚明，詹尔选何得借端逞
臆！明属恣肆欺罔，本当重究，念阁臣申救，着锦衣卫
放了，仍从重议处。"

詹尔选奉严旨后，社局主盟相聚而谋，谓："科目
中人参论启新，上必以为忌嫉，必不见听，反加重处。
今后参论启新，必须科目以外人乃可。"未几，求得候
选府库大使程品一本："为乞斥负诞，行责实效，以全
国脉，以维世道事：陈启新以三科武举，建言而得吏
科，臣不胜举手加额。以下臣而沐皇上之知，立贤无方
之特典也。及读其疏，乃知凭逞胸臆，议论则多，惧成
功之或少耳。臣反覆而诛启新之心，无非迎合圣意，以
邀高位。臣试言之：启新之参科目，非参科目也，是伤
国脉也；非参科目诸臣，参孔孟也。古之取士，历朝有
法，汉、晋、唐、宋选举孝廉，至我朝则以科目。若科
目可罢，正所谓'居今之世，反古之道'，灾必及其身

矣！有如皇上明旨："科目取士，原为典制，其中岂无才能，岂可尽罢？"此即皇上敬天法祖，睿智聪明，乃知其为虚诞，但不忍塞其敢言之路。无奈其苏张之口，荧惑圣听，是以皇上不加之斧钺，而反加之以显秩，将欲塞天下之人，弃仁义而务口给也。

"方今四郊多垒，有九边，有外夷，有四方流寇，有各处骄兵，岂一登坛所能遥制之乎？臣视皇上遣督师边臣内卫，此意启新不知也。皇上若欲专效，谁可登坛？谁可推毂？就令启新举何人以副皇上侧席之思。欲罢推知考选，此又不通之论也。推知贪滥者固有，而耿介者亦不少，每年有按臣入境，复命之举劾，有年终风闻，又有大计之黜陟，法网不为不密。贤者自应考选，否者自应摈斥，皇上自有睿鉴，岂容混淆？若云与中行评博并选，此三百年来不易之定典，乃为至公至正，此即三途并用也。官无大小，止凭才守，然以进士才守论之，百十之中有一二不才不肖；以举贡才守论之，百十之中有三四不才不肖；以监儒言之，守有余即才不足；以吏言之，才有余而守不足。此资格所限。倘一概考选，则人人思为贤良，谁肯自暴自弃，甘心自处于污下哉？

"又曰：章句之士无益于世。臣累举数人：如文天祥、王守仁、于谦、邹元标、孙丕扬、郭子章、杨涟、左光斗诸人，皆表率古今、炳耀史册者，此往哲之可鉴。至于今之在朝在野诸臣不敢举者，恐嫌附会线索，献誉邀宠之谓也。又曰：登一进士，则家计百万，少则十万。此在淮言淮，乃一隅之小见，非天下之通论也。以臣庐陵言之：如甲辰科萧象烈登贤书二十年，家徒四壁。一县如此，他县可类推。又曰：推知贪酷，小民日以鞭扑为事，惟利是图，情面是徇。种种描写，何异于战国诸人乎？他不可知，如原任吉安府知府毛堪、庐陵知府陆康稷，此二臣者，才比王佐，守并夷齐，谁不知之？启新，淮人也，知淮之推知而已，或有所以激之也。不然，焉能如孔孟之席不暇暖，过化存仁而知天下之政乎？

"启新又恐谤儒之说不行，又杜撰有君无臣之谣，以欺诳皇上。夫谣者遍京内外，谁不闻之？而臣独不闻，不足取信。乞敕五城御史查访，有无是谣，即知启新之无往而不虚诞也。充启新罪科目之念，不至于焚书坑儒不止也；充启新罪推知考选之念，不至于举天下之官不尽属启新之党羽不已也。启新极口谤儒，又恐诸臣之倾陷排挤也，而以一死钳天下之口，又何异于立监止谤也？夫给事何官，启新何人，而可以遽受之乎？《礼》曰：'爵人于朝，与众共之。'孟子曰：'左右皆曰贤，未可也；诸大夫皆曰贤，未可也；国人皆曰贤，然后用之。'是孔孟不足法也！'且天下有道，则庶人不议。'启新之说可行，则凡稍有一知一识者，无不效启新之说，奔趋阙下，恐不稽之言，汗牛充栋，而皇上又岂能一一遍观之乎？又岂能人人而与以启新之显秩乎？其势必至置之高阁，此辈又何以解散乎？不窜入流寇作头领，必奔走异域泄我情形，乱天下者必自启新始！且臣以启新遽授此官，必有奇谋陈之皇上，以为国为民为己任，不谓嘿嘿无言也。即如通政司以不封启新之疏开罪启新，首参之，是启新借此为泄忿报怨之地耳，焉得谓之侃直乎？

"及至详阅启新屯田一款，在赵充国言之详矣，今启新兴言及此，想亦素经筹划矣。若改启新为屯田之官，听其拨可以屯田之匠若干，额给牛种若干，费金钱若干，得子粒若干，计其利国之多寡，为启新升补之崇卑，则朝廷之殊恩矣。

"臣之参启新，不但得罪于启新，亦且有干于皇上，臣岂不知巽语取容，危言死忠？愿皇上赫然震怒，以臣吏员下品，敢逞螳臂，敢逆龙麟，斩臣头以谢启新，以遏乱萌。然后改启新为屯田之官，以责实效。温谕文武大小臣工，以全国脉，以维世道。在臣死之日，犹生之年也！治平之本，在大经大济，而不在小忠小信。流寇则解散而不在征诛，在善守以示其不敢犯，而不在穷兵黩武，以招其徕。以今日之急务，在省刑薄敛，怜才用人。此皇上自有宸断，廷臣自有硕画，又非区区小臣所得而言也。伏乞皇上宽而宥之。"奉旨：

"陈启新擢用，有旨甚明，程品何得逞臆渎扰？着刑部提问具奏。"

启新入垣，同官交弃之，即公会无与接谈者；科道中公务，亦绝不与闻。心恨甚，故经年无所建白。时人以为诬，启新不得已，多言细事以塞责，有"色衣穿朝""御街走马""护日不敬"三疏，皆得温旨。又一日，启新复疏言烧窑伤龙，社局诸人群聚而姗笑之，因检《宋书》，绍兴乙卯大旱，祷雨禁屠沽，谏议大夫赵需上言："自来断屠止禁猪羊，今并禁鹅鸭。"胡致堂曰："可谓鹅鸭谏议矣。"嘉定中，察院罗相言："越州多虎，乞多方捕捉。"同台正言张次贤云："八盘岭乃禁中来龙，宜禁人行。"大学诸生遂有罗擒虎、张寻龙之号。今日启新正同此类。有以其事榜之六科廊者，启新恚甚，而不得主名，乃无如之何。

某月考选，都谏姚思孝、孙鲁皆不与启新商酌，启新遂具考选预定疏，参江南行取知县陆自岳，访单书"公举翰林"四字。遂奉严旨，自岳谪外。自岳乃马君常荐举，张天如门下也。自是以后，同垣愈绝之。比启新转刑科，左都谏宋玫与之同署，则欲与启新言医药卜筮事，娓娓不倦。启新乃喜，谓掌科亲我。未几，主垣局者为都谏徐耀，则曰不可绝之过甚，遂反前人所为，遇事与启新同议，启新喜甚。铨部缺，耀不遽坐名，对众以姓名阄置瓶中拈之，得行人张一如。启新在坐虽预足，不复疏纠，盖情分稍投，不忍立异也。启新喜与人交接，健谈，对客辄至移晷；议或投契，多自诉少时迍邅，不少隐讳。一日，同垣俱以公务他出，启新呼胥吏共语，语久款洽，谓："若辈即古之掾吏，皆有出身之阶，我少时亦尝从事此；若辈能奉公守法，我官即若官也。"始知启新昔尝为书手。社局闻之，遣班役往淮安访问启新履历，既得实，使人疏纠之焉。

卷之四

　　丙子八月，北兵入，犯畿辅，启新轮守厚载门。时有官生杨光先欲缮疏参温体仁以及启新，见启新坐门，责以不请缨而守门。启新惭，答言一死无益。光先曰："当今冠进贤者从寒窗攻苦得来，戴兜鍪者由先世汗马得来。公徒以口舌得官，既荷殊恩，当有异报，乃惮一死耶？"拂衣欲出，启新揖之入。光先复言："前不当受职，既受职后，国纪民生，兵马钱粮，绝不侃侃直言，而乃今日一疏'色服穿朝'，明日一疏'御街走马'，后日一疏'护日不敬'。岂未为官时，天下便有许多可痛哭流涕处，一为官后，便人人迁善改过，事事无一可言耶？"启新不能答。光先曰："公一味真方假药，怨人恕己，寻人小疵，搪塞了事，异日被圣明看破，做不得明哲保身，尔时思余言晚矣！"未几，光先舁厝大明殿前，击直鼓，疏参陈启新以及首辅温体仁，奉旨，逮下狱。

　　科臣章正宸疏言："新安千户杨光先，草莽甲士，妄干朝事，已属不经；且以不祥之器，轻污禁地，滔天之罪，可胜诛耶！盖条陈参劾亦常事耳，何须作此怪诞之为？第据所论陈启新与辅臣温体仁，则有未可尽非者。启新以胥役而受特恩，自当始终尽言，致死无二，何以尸位年余，一筹莫展？启新自负耶，抑忍于负皇上耶？臣意启新本是未尝读书之人，岂知致君泽民之道？今试举其所奏屯漕诸大政，一一面问，而诘以举行，其能之否？拾人之唾余，转眼而失已。在皇上置之谏垣，无非欲鼓舞廷臣，以激为劝耳！而沐猴天垣，遗羞名器，天下莫不惜之。"上以陈启新自破格特用后，军国大事竟无一言陈奏，着降二级。闰四月二十七日，启新复具"微臣名节幸蒙睿鉴"疏入奏，上深责之。

陆文声字居实，少读书外父贡士周文潜家，时受先亦从文潜受经，两人同塾。成交后，受先中进士，文声亦援例入雍。时钱肃乐来守娄东，于缙绅中独信受先，言听计从，立乡约正副，博采人言，分别淑慝而劝惩之，政声藉甚。文声间亦条陈地方利弊，肃乐亦采之。时有一陶姓恶人，所为不法，受先嫉之，列其款恶，欲达当道，偶置砚下，文声窃视，漏泄其事，陶人往张自辩。受先知文声所为，因大怒。文声央杨姓老儒同至张所解释，受先不顾，竟将文声褫挟，老儒厉声责受先，乃止。时丙子三月也。

文声不堪楚辱，忿恨之甚，因星变求言。乃裒集受先交通上官、把持武断诸事，缮疏走入京，期登闻上奏。逢玺卿王时敏家人引之进谒乌程，其党人自韩城、德清外，又有四任子焉：一为朱泰藩，文懿公赓之后也；一为许曦，颍阳相国之后也；一为袁枢，文荣公炜之后也；一为王时敏，文肃公锡爵之后也。四人皆以才识通练为相君所倚重，时敏与体仁又以两世通家谊，恩礼较他人尤厚。时太仓望族，琅琊、太原、清河称鼎峙，迨天如倡立复社，门墙炽盛，邑中若汝南、高阳、河南、焦国诸子弟皆赘居门下。时敏之子挺、揆、撰，甥吴世睿、世泽皆美秀能文，独外坛坫，两张以其立异，颇少之。延陵世睿有家僮张嵲者，能文章，少受业于赵自新，两张收之为弟子，主人不之许，使之供隶役，职抄誊。嵲耻之，避之南张所。延陵拘系其父母，南张为请甚力，事虽解而使供役如故。嵲不能堪，举家徙之武陵，吴来之处之客席。未几，两张使之入泮吴江，延陵控之当事，求正叛之罪，卒不胜。久之，两张嘱州守周仲琏携来之手书造延陵进赎金，为嵲削隶籍，延陵迫于州父母，勉从之，而内不能平。时敏家法素严，僮仆千余，深以此为耻，而竟无如之何，由此蓄怨复社久矣。文声一见时敏，告以入京之意。前张嵲事，两张主之，故时敏衔受先甚于天如，乃曰："相君仇复社，参之正当其机。但相君严重，不轻见人，而主局者惟德清为政，宜就商之。"因导往弈琛。文声面进疏稿，弈琛即袖入示体仁。温意中不知有受先，且素无嫌怨，乃曰："谁为张采？不过三家村兔园学究耳！乌足渎圣听？今朝廷所急者张溥耳，能并弹治溥，当授官如启新也。"弈琛出，为文声述相君语，令削草更进。

阅数日，弈琛复述相君言："张汉儒讦钱、瞿，已遣缇骑，此案遽列名，当并得逮江南，一时兴两狱，恐耸上听，反至起疑。不若借端筹饷，历陈奸弊，末后指及党局，姑下地方查覆，俟钱、瞿狱竟，乃具第二疏指名究处耳。"袖出疏稿示文声，文声遂疏为国赋万难议缓，奉旨："三吴逋饷，悉由奸胥揽解，分派侵吞，及花诡私占侵田引税，优免冒滥，水利阻挠，衙蠹豪奴藉势诈害，俱关地方重大情弊，着该抚逐款详查，明白奏夺。至太仓复社结党恣行，把持武断，提学臣所职何事，致士习嚣横如此！着倪元珙一面查究惩饬，据实回奏。"

复社奉旨后，天如使人谓文声子陆茂贞曰："忝在同里，与尊君素昧平生，若因他人负罪，而无故加兵，是城火池殃也，如阴骘何？"茂贞因疾赴京，为文声述天如语，文声默然不答。茂贞曰："复社党羽半天下，独不为子孙计乎？"文声乃许之。时社中夏允彝、陈子龙、吴克孝皆候选在京，谓陆必为浙人颐指，莫若说之就选，出之于外，社局始得安。乃酿金为部费，使择善地员缺。文声恐有报复，克孝又文声中表弟也，为之盟誓以坚之，始允就选。

丁丑某月，茂贞北归，天如偕之谒苏松道冯元飏、郡知府陈洪谧，言文声已就选，无复虑有后参矣。达之学臣倪元珙，谓可具疏回奏。元珙言："须得生徒主名数人，然后可以塞清议，否则恐得罪词臣。"徐汧谓元珙曰："社中有杰才，科名恒出其中。但使社局得无恙，公祖目前虽暂屈，后必大伸。"元珙许之，乃据府道申文具疏回奏曰："臣受命督江南学政，奉有复社一案。夫结社会友，乃士子相与考德问业耳，此读书本分事，不应以此为罪。陆文声挟私憾，抵欺瞒，故奏事不以实，荧惑上听，臣昧死据实以闻。"其所指名，以事收废生顾敏思、陶镕、江德淳、董士镕、钱度等上奏。有旨："倪元珙隐徇，着降二级，调外任。"元珙既外转，继任督学者为山东方玮。时社局诸公疏参温相无虚日，弈琛促文声更上第二疏，当以陈启新例授御史。文声不应，佯言他事以谢。时虏兵已出归巢，乃疏劾祖大寿"虏至不能力战，虏退但言尾追"。又荐刘泽清勇敢善战，德州赖之保全；原官大学士冯铨捐家赀募士固守涿州，其功不细，均应叙录。无何，台臣姜思睿疏参体仁，兼进旧学臣黎元宽揭，内有体仁父子嘱托私书，几启上疑。体仁力辩，而惧不能安位，再授指文声参黎元宽进学冒滥，宜行追论。体仁因邀温旨，复入。

未几，文声选湖广永州府道州吏目以去，其前参复社一案，有旨下方玮再勘。会玮丁艰归，济人张凤翮代之，延临川罗万藻阅文，学政为万藻一手握定，复社事再奉严旨，凤翮卒置不覆。弈琛计无所出，左右有言，前泗洲卫弁李应实以遭运负罪居户部，系弈琛使人授之旨，供条陈漕政科弊，为之夔辩冤，通政司奏闻。有旨："周之夔果否有病乞养，着该抚按确实具奏，不许徇饰取咎。"抚臣张国维、按臣路振飞下道臣根查。道臣冯元飏覆言："李应实假借言事，代人游说，妄称祖制与漕例不合。"乃引红牌例，坐应实说诳欺君，罪在不赦。应实惧及祸，挟弈琛手书至闽，令之夔赴阙辩白，原官可复得，且有不次升擢。之夔母服未终，应命。

九年八月，之夔具呈应天抚按。十月，原任苏州府推官、告病丁忧周之夔具"复社首恶紊乱漕规，逐官杀弁，朋党蔑旨"疏，曰："崇祯九年六月，见邸报，户部为新运伊迩等事，奉旨：'周之夔去任情由，是否因病乞养，着抚按核实回奏，不许徇情取咎。'伏读惊惧，以弃废小臣，尚蒙清问，捐糜无地！惟是臣职兑护漕，受翰林院庶吉士张溥、江西临川告病知县张采毒害，天下共知，抚按不敢言，即近日圣明严究复社，天下共晓，而溥、采正复社首恶，宁代受谴，莫肯实对者，同党相护也。窃思苏属漕粮九十三万石，州县各有定额，而太仓、镇海二卫军储四万五千余石，分派长、吴五县支给。崇祯癸酉六年十一月，溥、采假救荒言，用奸书宋文杰谋，夺各县所派，尽归掌握，岁扣万金。

而本州漕兑洒各县代兑，令州申文，自刻《军储说》，勒臣奉行。臣思祖制，军储与兵粮皆分派协济，不使聚之一处，管于一人，防奸雄藉手耳。溥、采身居海滨阻险，一旦欲聚军储，意将何为？况州漕卸县，谁甘邻壑？未经题请，谁敢乱制？利害所关，臣安得不争？及刘士斗署昆山县，减运米脚价，激泗州军变，漕臣禹好善录臣前疏揭劾，荷圣仁恩，但降处州官，未诛求豪绅，谅溥、采可已矣！乃怂讪朝纲，而以雪愤，黏布榜帖，大肆榜诉。臣见凶焰，屡次乞休，臣母在家，闻祸惊泣。臣师庶子许士柔、南司农郑三俊，皆教臣急去避祸；今知府陈洪谧时在南都，亦手书促行。抚按不肯实题，勒臣改告养。臣出门，溥、采令党人顾敏思、陶镕等骂殴，又坐吴江沈初馨家，伏奸再逞，臣隐忍而去。不意后有运官李应实义激，条陈漕政，中惜臣之去，奉旨查议。及吏部覆臣：争执军漕，奉公维法，肩劳任怨。亲兄尚在，养例不合。得旨，照旧供职。臣畏溥、采，情求抚按，不允再题，奉旨复任。溥、采又假手下石，臣虑祸思亲，忧煎成病，嘱医徐继芳害臣。臣不得已，告病致仕，到家一日，仅及诀母，终天抱恨。

"窃思幼学壮行，幸逢尧舜，岂甘自弃？况俸历四年，正荐十三次，纪录卓异。遭此，不得荣亲，竭忠报国。然弃一官，而下争一郡久别利害，上护朝廷三百年漕规，臣之当为，虽困不悔。溥、采可以已矣！又恨应实公言，创稿授腹吏翁思礼，令府臣陈洪谧称臣并无争漕，道臣冯元飚不依律例，擅引红牌坐应实说谎欺君。该弁辩冤，通政司咨部，复荷圣明洞照臣迹。九年八月、本年正月两次具呈，仅路振飞批会据实，溥、采仍把持徇饰。夫臣争漕一案，勿论士民公呈，各院批语，乡绅书牍，即御前有屡旨也。溥、采敢蔑视而陷杀运弁以伏杀臣乎？且极力制缚，使箝口无诉，臣安得不求救于君父？当日抚臣张国维有'为门下拂衣计，必有一通融题目，始便措处'之语。按臣祁彪佳有'不佞欲以州官与门下去就，分为两截，不必黏带一团'，原书具在，则臣去任情由，今日岂容徇饰？至溥、采自夸社集之日，维舟六七里，祖道六百人，生徒妄立四配、十哲，兄弟尽号常侍、天王，同己者虽盗跖亦曰声气，异己者虽曾闵亦曰逆邪。下至娼优隶卒、无赖杂流，尽收为羽翊。使士子不入社，必不得进身；有司不入社，必不得安位。每一番岁科，一番举劾，照溥、采操权饱壑，孤寒饮泣，恶已彰闻，犹为壅蔽，臣恐东南半壁从此不可治矣！其他婪场弊、窝盗贼、诈乡民，有证据之赃，已累巨万。一疏难尽，容臣列款详奏。臣母服未满，何敢冒渎？缘受害冤深，奉旨严查，犹经年寝阁，万不得已，七千里匍匐伏阙。臣孤立无援，撄此雄锋，自分必死。然生无可报国，不惜捐躯以明漕储利害，朋党罪恶。伏望皇上立奋乾纲，大破党局，提张溥、张采与臣面鞫。得实，乞斩溥、采以谢朝廷，并斩臣以谢朋党。"奉旨："该部速严查具奏。"

二月，督学御史张凤翮久不回奏复社事，年例外转。

丁丑殿试，状元为刘同升，榜眼为陈之遴，探花为赵士春，皆复社中人也。先是，淮安府推官孙肇兴拔夏曰瑚于童试，送之入场。而肇兴分房，曰瑚卷又适在其房，取中头卷。末得赵士春卷，肇兴之意在推敲，主试令下之。肇兴见赵，曰两君皆为名臣后，不可轩轾也，乃舍之。辛未，曰瑚以第三人及第，士春历甲戌犹未得遇。时士春制义力摹先辈，非复向时才情，其不售由此。丁丑，曰瑚分房，士春始亦以第三人及第。时谓衣钵相传，后先不爽。浙人忌之，题其榜为社榜云。

丙子，南场《礼记》分房，部司李瑞和与华亭诸生潘宷通关节，有定约矣。编号者失检，初场卷号误编太仓增广生孙以敬，二三场则无讹。榜发，以敬魁选，宷落孙山。及操贡举，以敬之后场则潘宷卷也。宷家富，交游广，捐重币而不得隽，刻揭言以敬割卷弊中。以敬，天如门下也，言之郡守方岳，制宷使不得呈，借端私迎入衙署，许以贡入北雍，来科乡场补荐。宷不得已，勉从之。及以敬赴北会试，宷尾之而行，意尚不能忘。吴伟业闻之，密为以敬计。时《礼记》分房，一为夏曰瑚，一为罗大任，伟业以以敬嘱之。既入闱，曰瑚病瘠剧甚，同帘视疾，曰瑚口已不能言。见枕畔有一卷，大任取阅之，尚未动笔。众皆曰："此必朕公心赏也。"遂荐之。主裁者知其故，因皆批取中。拆号，果为以敬卷。曰瑚竟卒于闱。潘宸见以敬联捷，乃无言而归。

六月，司礼监曹化淳使人发张汉儒、陈履谦阴事，讦之东厂太监王之心与锦衣卫掌印指挥吴孟明，拷讯得实，立枷长安门，钱谦益之狱乃解。

大学士温体仁再疏引疾，得旨允之，遣行人吴本泰护行。辞朝日，揭荐太常寺少卿薛国观、大理寺少卿蔡弈琛等可大用，纳之。八月，升国观礼部右侍郎，拜东阁大学士，入阁办事，弈琛刑部右侍郎，范复粹刑部左侍郎。

闰四月，朱国寿为主事，疏："为假言骗官，欺君辱国，恳乞宸断，立加褫逐，以雪公愤，以光青史事。窃惟六垣之长，表帅诸司，风厉天下，为皇上耳目，其官责綦重矣。皇上所以慎选其人，拔之制科，征其才品，试其治行，尤必考之乡评，酌之公议。凡此盖恐一落蒙徇，遂辱官方，并辱朝廷及天下后世也。今陈启新何物么么，假灭祖叛圣、坑儒乱世之言，遂骗六垣之长。今皇上用之，诚可以愧制科、励制科矣，独不思启新久为漕运刑司书乎？兔狡蝇营之丑，舞文弄智之奸，大有所得，遂钻武举。谓启新为武举也，夎小屠夫，绝无赳赳壮气；谓启新为文士也，录抄掾役，亦非蔼蔼吉人。以不文不武之书手而用之，才品何在，乡评何在，公议又何在？竟俨然为垣长也！臣前闻之，犹以为此必异人，皇上赏识，乃在寻常之外，谅渐敷奇树绩，以应皇上辟门布席之求，以短制科之气，使天下后世传诵皇上当夷氛寇剧之时，有拨乱反治之一异人也。孰知日以及月，月以及岁，不过烦琐细碎之事，苟且以塞责，大负皇上委任之心。幸奉圣旨：'陈启新自破格特用后，军国大事，竟无一言陈奏，着降二级照旧，钦此。'大哉皇言！已看破启新之假骗矣。

　　"用一格外之启新，未暇计时之上理，只以长宵小蹿等无上之奸，开匹夫无级而升之臆，当此剧寇猖狂，尚可开此端以引叛乱哉？天下之人愤愤久已，奉皇上明旨，谁敢言哉？然天下之人不敢言，惟辅臣可以言，辅臣休容之度不屑言，惟台省可以言，至台省而不言，臣知其故矣。大约谓我制科也，启新一书手也，制科而与书手争，不智矣；遂成启新之蒙面，各自尸其位。此省臣章正宸疏"恬嘿自安，但获一官"有味其言之也。噫，辅臣应挽回而不言，台省应剥正而不言，乃言者独一官生之杨光先，臣是以有感于制科之不必设，而深慕杨光先之有激而言也。臣今日者第求为侃侃之忠臣，不愿为嘿嘿之良臣，以负皇上之纳言，天心回而霖雨布将，天开泰运而泽不溥于无疆乎？遂出位妄言，不避斧钺之诛，不避启新报复之祸。伏乞鉴臣愚衷，宽臣狂瞽，照假骗以伸国法，庶传之天下后世，圣明一转圜间，而褫辱之机，青史增光矣！"奉旨："陈启新已有旨了，朱国寿何又踵袭渎陈？至灭祖叛圣坑儒等语，尤为诞妄，着吏部议处。"

九月，左谕德黄道周疏劾杨嗣昌夺情，触上怒，降江西布政司都事。时乌程谢政、淄川张至发为首辅。

十月，应天巡抚张国维具疏回奏："为直陈漕储无误之实，理官去任之由，明公道以祈圣鉴事。吏部咨原任苏州府推官今致仕周之夔奏：'为复社首恶擅作威福，紊乱漕储，逐官杀弁事。'奉旨：'该部严查，具奏咨查。'崇祯九年八月，户部为新运伊迩、漕政可虞事，蒙部覆，奉旨：'周之夔去任情由，是否因病乞养，着抚按确查具奏，不许徇饰取咎。'职时身在行间，未遑会覆，且以周之夔蓄疑逞臆，久当自悔。不意其母服未终，赴京上疏，复奉旨严查。夫之夔之去任，为由争漕也，臣请先言漕储之无误，以破其借端，可乎？苏郡兑漕之外，复输仓粮以养本地之军，名曰军储。漕兑苦于横军勒索，耗赠日增，而军储则在地方交纳，绝无耗赠，小民利之。崇祯四年，太仓州值风潮伤稼，知州刘士斗请将他邑轻粮军储归之州额，以本邑漕运扣还各邑，此在州言州，出于救荒之迫念。前抚臣庄祖海有'漕储二项，岂得更交易互兑'之批，前按臣祁彪佳有‘漕运届期，作速料理，毋使州民观望’之批，事遂不行。至士斗署昆山，为运弁张景文逞凶殴辱，事在崇祯六年，与太仓军储之义原系两时两事，迥不相涉。且其时昆民相率完兑，亦与太仓无异。漕储之无误，已较然矣。无所误而何必有争，无所争而何以求去？则因有私揭一事，为公论所摈，乃借题以相陷也。

"之夔与士斗同年同时，然怀有夙隙，暗将士斗恤灾详文，指为献媚乡绅，具揭于总漕两臣，而抚按不知。迨总漕、巡漕两臣因昆山县运军狂逞，并纠士斗，引军储一节，指出之夔私揭，于是都中訾议之夔者藉藉。臣时叨有抚吴之命，实稔闻之夔见士民吁留士斗，自知无所容于公论，而去志从此决矣。其详文有曰：‘总漕巡漕采职言入告，致刘士斗为法受过，职独何心，安位苟容。’似此数语，真心未泯，深惭私揭之非，可为去任之铁案。所云误漕争漕，皆蛇足也。初次具详，即以终养为词，及辗转求去，臣惜其才，冀以善全其终，就累详所请归养，代为具题，谁为强勒乎？迨蒙恩复任，臣等交相慰藉，人情绝无龃龉，之夔可以相安矣。忽而成病，一卧数月，舆疾竟归，此国人所共见闻，非有也端，臣又不得不为具题矣。夫前之去，由私揭发露，有漕臣之疏可稽；后之决去，由真病缠绵，有道府勘详可据。乃暧昧之情，欲掩覆于己，阴阳之患，反委咎于人。揣其意不过从一官起见，然不妨徐为申理，胡为当陆文声、张汉儒高张之时，奔驰赴阙，拾其唾余？但知好莠自口，不顾衰服在身，士类鄙之，臣又焉能曲庇之乎？至于疏中摭拾，语语张大其词，似乎张溥、张采有紊乱把持之事，宜即诘究。臣等为朝廷司法，岂肯姑容？但年年漕兑、军储如故，何须生事？之夔与欠粮之奸弁李应实自借端耳，张溥、张采实无片语相干也。臣今会同巡按王志举查实上奏，仰祈圣鉴施行。"得旨："该部参看来说。"

是时有怨复社者，托名徐怀丹，作十大罪檄，文曰：

复社之主为张溥，佐为张采，下乱群情，上摇国是；祸变日深，愚衷哀痛。尝著其论于数年之前，而因循莫悟。今复举其十罪，开诉四方，共祈鸣鼓焉。

一曰僭拟天王。春秋之法，诛心为烈，素王之政，正名为先。惟天王至尊，称天以临之，莫有匹也。今张溥何人，敢僭号天如？其心之妄肆可知矣！且世有鹿马之指，而溥公然任之。张王治、张源、张质先、张濬等十人，时称十常侍，谑呼十大王，挟以江南小天子之威，聚财纳叛，隐姓埋名（一名李楷，一名沈景应）。意欲何为？此罪之一也。

一曰妄称先圣。夫仲尼，万世莫京，而溥、采何人，窃其位号。并以赵、张、王、蔡名四配（赵自新、王家颖、张谊、蔡申），孚、肇、敬、焕等称十哲（吕云孚、吴伟业、周肇、孙以敬、许焕、金达盛、吴周肃、周群、吴国主、穆云桂十人）。其诞妄如此！罪之二也。

一曰煽聚朋党。夫大道为公，而溥、采惟私声气。至于千里赴会，万艘停桡，僧道优倡，俱入社中，医卜星相，莫非友人。其品行如此！罪之三也。

一曰妨贤树权。夫赏罚为君柄，今溥、采擅之，入其社者功名可操，在社外者摈逐迭加，使人俱震其权。罪之四也。

一曰招集匪人。夫实行之士，杜门自守，今溥、采社中，或号神行太保（孙孟朴），或称智多学究（曾同远），种种奸匪，聚匪为群，有司莫敢过问。罪之五也。

一曰伤风败俗。夫圣王首重彝伦，今则托名士子，薰心利欲，富贵是图，子可以逐其父；名势相轧，弟可以倾其兄。其余长幼朋友，以及君臣，又何知乎？习以成风，恬不知怪。其罪六也。

一曰谤讪横议。夫有言责者自当建议，今复社中同己者则亲之，异己者即谤之。遭其诋毁，虽公侯可骤失贵；邀其盼睐，虽寒畯可立致身。嘻，盟社如此，使人有履霜之警矣！罪之七也。

一曰污坏品行。夫士为四民之首，今社中游博马吊之戏，老传而童习；中构贾竖之言，途诵而口占。夸豪举于一掷，锱铢动兴诟詈；买欢笑于千觞，别袂已见睚眦。其劣薄如此！罪之八也。

一曰窃位失节。夫有才干者必建功名，今复社自称名士者几数万人，未见文追管、乐之猷，武比颇、牧之绩。以致有志之士，不肯与社中人同应制科，盖羞与为伍也。其为人所摈如此！罪之九也。

一曰召寇致灾。夫灾盗贵乎能弭。今社党布结，横于朝野，主司无非社友，道府多是社朋。苞苴所遗，不问而收，拳勇之徒，不呼而集。大则肆其愤毒，小则开其衅端。故愆阴伏阳之变，有召而来，近日风蝗，亦由其所感。罪之十也。

呜呼，牛李兴而唐不振，蜀洛角而宋以衰，朋党之祸，自古有之！实因族类太别，则好恶恒僻；志气既乖，则争斗必纷。积轻成重，羽可覆舟，上误君父，下悖物情。况以越州逾郡之众，诸教杂流之技，诬罔骄狠之习，险诈诌鄙之谋，相率推戴此狂妄之溥、采；闭贤路，绝公道，布爪牙，恣贪诡，靡人不有，靡凶不为。虽社稷灵长之福，万代无穷，亦岂堪此辈朘削乎？是真当痛哭流涕而急以上闻者也。某等草昧疏贱，忠愤自矢，伏读制书严切，仰望锄奸诛叛，激浊扬清，不得更容逆党，永长乱源。如其有此，则君子之道终消，治理殆不可复。非志士裂冠毁冕之日，即忠臣忘生厉节之秋；当不惮君门万里，要斧锧而鸣其罪矣！特此露布，以彰公讨。至于吞娄武断，耗弊乡曲，又通行之恶，非贼国之原，无重爰书，何堪毫举哉？嘉定徐怀丹布。

跋

　　《复社纪略》四卷，太仓陆世仪道威著，眉史氏，其号也。道威早岁亦署名复社，后以故自出，故其于社事多有微词。然前既为社中人，于社事始末甚悉。是编记载，首尾完备，实由身亲目击，故能言之凿凿可征，虽其间言外意有褒讥，犹不免门户私见，然读者知其事可耳！其是非千古自有定论。

　　吾国自秦后，已成专制之局，故每至其末造，而党祸遂兴；士君子生值衰时，目睹朝政之昏乱，金人之弄权得志，举世混浊，不得不以昭昭之行自洁，其讲学著书，皆其不得已之志，思以清议维持于下。如东汉之党锢，宋之元祐，明之东林复社，其士夫忧时若瘵之心，不可见哉？惜乎，"人之云亡，邦国殄瘁"，清流既尽，而国亦随之以亡。然其霜雪正气，郁为国光，其于一代之人心风俗，深有所感，常收其效于易代之后。历代专制之极，君昏于上，率兽食人，而民不至相食于下，以入于禽兽者，实赖二三正类匡救扶持之力。

　　复社者为明末东南之一大社，上继东林，而下开几社，其社集之盛，声气之广，殊于当时社会大有关系。

及至明亡，而死国殉难之士，见于姓氏录者，乃至不可胜数。然其埋没不彰，甘心湛冥以自隐者，亦复何限！昔方望溪先生谓秀水朱竹垞得复社姓氏录，以其后事征之，死于布褐而无闻者十之三焉！呜呼，鼎革之际，事至难言，而诸君子宁以布褐终其身而不被新朝之一丝粟，其意微而志苦矣！使无是编，不特其事不可见，即其姓氏亦在有无之列，然则予之校刊是编，亦恶可已哉？

原本为旧钞本，丙午秋，予友诸君真长以遗予，字多讹谬脱落，请沈君屋庐校之（屋庐家藏复社名人手札最夥，颇多勘正）。予复重校，然终以无别本可对，有心知其误而未敢妄改者，姑仍之。后附吴梅村《复社纪事》，读者比较观之，益有得社事之真面耳云。

顺德邓实跋

弘光朝伪东宫伪后及党祸纪略

［清］戴名世

弘光朝伪东宫伪后及党祸纪略

呜呼！自古南渡灭亡之速，未有如明之弘光者也！地大于宋端，亲近于晋元，统正于李升，而其亡也忽焉。其时奸人或自称太子，或自称元妃，妖孽之祸，史所载如此类亦间有，而不遽亡者，无党祸以趣之亡也。党祸始于万历间，浙人沈一贯为相，擅权自恣，多置私人于要路；而一时贤者如顾宪成、高攀龙、孙丕扬、邹元标、赵南星之属，气节自许，每与政府相持。而高、顾讲学于东林，名流咸乐附之，此东林党祸所自始也。国本论起，两党相攻击如仇雠；嗣是有妖书之役、梃击之役，迄数年不定。神宗晚节，郑贵妃宠愈甚，其子曰福王，上于诸子中独怜爱之。王皇后无子，光宗于兄弟居长，久未册立，而贵妃早贵，顾天下有出郑氏上者辄觊望，即上亦两难之。一时名流以伦叙有定，请早建太子，语颇侵郑氏。上怒，或黜或廷杖，相继不绝，而言者弥众，皆以斥逐为名高。政府如沈一贯与申时行、王锡爵，皆主调护，而言者遂并攻之。然上意亦素定，卒册光宗为太子，而福王之国河南，所以赍予甚厚，诸子不得与比焉。国本既定，两党激而愈甚：泰昌、天启红丸之役，移宫之役，中朝相争，如蜩螗沸羹，与梃击号为三案。及魏忠贤为政，浙党尽归魏氏，作书言三案事，诉斥东林，号曰《三朝要典》。于是东林骈死牢户，余斥逐殆尽。烈皇帝立，定逆案，焚《要典》，而魏党皆锢之终身。

崇祯十四年正月，流贼李自成陷河南府，福王遇害，世子走怀庆。事闻，上震悼，辍朝三日，泣谓群臣曰："王皇祖爱子，遭家不造，遘于闵凶，其以特羊一告慰定陵，特羊一告于皇贵妃之园寝。"河南有司改殡王，具吊禭；世子在怀庆，授馆馈餐，备凶荒之礼焉。世子寻嗣封福王。王元妃黄氏早薨，继妃李氏殉难死。王与潞王先后避贼南奔。

崇祯十七年四月，烈皇帝凶问至，南京诸大臣议立君，意多属潞王；而东林以三案旧事，有嫌于福邸，亦不利立福王。总督凤阳马士英遗书诸大臣，言福王神宗之孙，序当立。士英负纵横才，初为太监王坤所构谪成。阮大铖者，名在逆案中，时时欲出不得间，而与士英最善。崇祯中，大学士周延儒之再召也，大铖归于延儒，求荐己，延儒难之，遂以士英为托，曰："瑶草复起，是即大铖复成也！"瑶草，士英字也。延儒入京见帝，言马士英有边才可用，遂起为凤阳总督。至是，大铖与士英谋立福王，以福王与东林有隙，福王立，东林必逐，如此而逆案可毁，己可出也。兵部尚书史可法、詹事府正詹事姜曰广、兵部右侍郎吕大器遗书士英，言福王有失德，非人君之度，不可立。是时士英兵权在握，与大将黄得功、高杰、刘泽清、刘良佐深相结，诸将皆愿立福王，如士英旨，吏科给事中李沾复从中主其议，于是以福王告庙。五月己丑，群臣劝进，王辞让，遂以福王监国。

是日，大清兵入北京。壬辰，以史可法为东阁大学士，兼兵部尚书，姜曰广为东阁大学士，兼礼部尚书，俱入阁办事。以马士英为东阁大学士，兼兵部尚书、都察院右都御史，仍总督凤阳。可法请分江北为四镇，以得功、杰、泽清、良佐分统之，所收中原州县，即归统辖。天下既定，爵为上公世袭。复奏设督师于扬州，节制诸将。马士英率麾下兵渡江，与群臣合疏劝进。壬寅，王即皇帝位，以明年为弘光元年。甲辰，以忻城伯赵之龙总督京戎政，密谕参将王之纲，迎母妃于河南郭家寨。李自成遣伪制将军董学礼率兵南下，至宿迁，总督漕运路振飞遣兵击败之，擒伪防御使武愫。寻尊皇考福恭王曰贞纯肃哲圣敬仁毅恭皇帝，妣□氏曰孝诚端惠慈顺贞穆皇太后，皇祖妣贵妃郑氏曰孝宁穆温庄惠慈懿宪天裕圣太皇太后。皇太后、太皇太后，皆生称也。嘉靖中，已厘正先朝之误，而礼臣不考，犹仍其失焉。遥上母太妃邹氏尊号，曰恪贞仁寿皇太后，谥元妃黄氏曰孝哲懿庄温贞仁靖皇后，继妃李氏曰孝义端仁肃明贞洁皇后。

　　帝既立，可法为首辅，亟召天下名流，以收人心。而士英挟拥立功，入政府，内通中官，外结四镇，出可法于外为督师，士英遂为首辅。四镇惟黄得功忠勇奉朝命，而余皆骄悍，不□可法度使。得功进封靖南侯，左良玉宁南侯，封高杰为兴平伯，刘泽清为东平伯，刘良佐为广昌伯。可法至扬州，为高杰所困，可法开诚示杰，杰感动，愿为可法死。黄、刘与杰交恶，士英亦怒杰之为可法用也。文武离心，内外解体，可法疲于奔命，而国事日裂。上优柔不断，而性宽厚，政事一委任大臣，不从中制。坐是法纪皆废，而廷臣无不恣肆，通贿赂。中官之揽权婪贿尤甚，自以从福邸来，流离奔窜，取金钱为衣食资，上亦怜之而不之罪也。

　　及阮大铖入，而党祸复烈，谗慝弘多，国家日以多故。上在宫中，每顿足谓士英误我。然大权已旁落，无可如何。而上多声色之好，自六月庚辰，诏选淑女，自是访求之使四出，识者早已料其不能终矣！诚意伯刘孔昭奏都察院右都御史张慎言；李沾已升太常寺少卿，奏吕大器定策怀二心。两人大铖党也。上曰："朕遭不造，痛深君父，何心大宝？直以宗社攸关，勉承重任。效忠定策诸臣，朕已鉴知，余不必深求。"已而慎言及曰广皆以争大铖之出，相继引去。士英荐前光禄寺卿阮大铖知兵，予冠带，召见。户科给事中罗万象，御史王孙蕃、陈良弼，大理寺丞詹兆恒，应天府丞郭维经，怀永侯常延龄等，交章言大铖名在逆案，不宜召。上弗听。大铖入对称旨，且伏地哭曰："陛下只知君父之仇未报，亦知祖母之仇未报乎？"祖母谓郑贵妃也。以三案挑激上怒自此始。安远侯柳祚昌复荐之，以为兵部右侍郎，旋进尚书。左都御史刘宗周言于上，请勿用，弗听。

七月己丑，以左懋第为兵部右侍郎，兼都察院右佥都御史，奉使燕京，杰、泽清举故总兵陈洪范副之。至燕京，懋第不屈死，洪范阴输款，且请南行为间。既至，密奏得功、良佐与敌通。二人上疏自辩，上曰："此反间，不足信。"洪范寻给假去。后洪范奉太后，并执潞王以杭州降。

自李自成败走西安，山东诸州县杀其伪官，复为明守，而南中无一官无一兵出河北；自济宁以西皆北降，惟济宁设守。八月，大兵趋济宁之下。先是，刘宗周在籍，自称草莽孤臣，请上亲征。又言四镇不宜封，姜曰广拟优旨宣付史馆。而宗周连疏言中外诸臣皆可诛，四镇皆怒，杰、泽清、良佐各疏劾宗周激变军情，摇动乘舆。又与得功合疏，言姜曰广将危社稷。四镇之横日甚，而士英藉以逐姜、刘，用大铖。自是，中朝之权，藩镇皆得操之矣。

初，大铖以逆案废锢，屏居金陵城南，溷于声伎。

当是时东南名士，继东林而起，号曰复社，多聚于雨花、桃叶之间，臧否人物，议论蜂起。而礼部仪制司主事周镳实为盟主，其诋诽大铖，不遗余力。大铖尝以梨园子弟为间谍，每闻诸名士饮酒高会，则必用一二伶人阑入别部中，窃听诸名士口语，顾诸名士酒酣，辄戟手詈大铖为快。大铖闻之，嚼腭搥床大恨。会流贼扰江北，烽火及于瓜步、浦口，诸名士疑大铖且为贼内应，则刊檄讨之，署曰留都防乱，无锡顾杲为首。而贵池吴应箕、刘城，宣城沈寿民、唐允甲，宜兴陈贞慧，松江徐孚远，吴县杨廷枢、钱禧，归德侯方域数十百人附之。大铖内衔日惧，独身逃匿于牛首之祖堂，使其腹心收买檄文，愈收而布愈广。大铖之客语大铖曰："周镳之名，以诟公而重，诸名士党人又以诟公者媚镳。"于是大铖怨镳及诸名士刺骨，一旦得志，即起大狱杀之，而未有以发也。及骤贵用事，与中官比昵，逐谏臣，逆案诸人如袁弘勋、杨维垣等，次第起用。先以蜚语逮镳，及前山东按察使佥事雷缜祚，系刑部狱，从吏讯，而捕囚诸名士，校尉纷出，跄踉奔窜，善类为之一空。定从逆六等条例，凡素有清望不悦己者，辄窜入其中，或有真失节者，反以贿免。群臣日上疏相诋诽，上亦厌之，诏曰："朕遭九六之运，车书间阻，方资群策，旋轸故都。乃文武之交争，致异同之日甚。先皇帝神资独断，汇纳众流，天不降康，咎岂在上？尔诸臣鉴于前车，精白乃心，匡复王室。若水火不化，戈矛转兴，天下事不堪再坏，且视朕为何如主？"

皇太后至自河南，遣灵璧侯汤国祚告于南郊。杨维垣追论三朝党局，上曰："宵人躁竞，不难矫诬君父，以遂其私，姑不追究。其《三朝要典》，礼部访求入史馆，以存列圣慈孝之实。"又奏逆案多枉，命吏部分别起用。九江总督袁继咸上疏，言《三朝要典》为先朝所焚，不宜存，而左良玉亦上疏论之。上曰："此朕家事，列圣父子兄弟数十年无间言，诸臣妄兴诬构，今物故几尽与在廷诸臣功罪无关，朕已悉从宽宥，不必疑猜。"袁弘勋奏继咸庇护三案，继咸上疏自辩。上曰："继咸身任封疆，当一心办贼，不得借端生衅！"

先是，湖广巡按御史黄澍以论士英被收，倚良玉不至，先后得罪者亦多奔良玉军。而吕大器先是劾士英以入朝为名，横据政府，卖官鬻爵，请上罢斥，上弗听，寻致仕去。至是逮之，亦不至。失职之臣，骎骎挟藩镇以抗朝廷矣。是时庶官非贿不入，政府与中官、勋卫、藩镇皆得操用舍之权。吏部尚书徐石麟不获举其职，去位。兵部之婪贿尤甚，奸人挟多金入都，即日可为大帅。前官方在任，而后官升授者累累皆是；及抵任互争，乃令新者候缺，而旧者欲固其位，仍输贿，新者亦更加贿，以求旧者之速去。武弁横行都邑，人莫之敢指。大铖党亦盛，张孙振、赵之龙、冯可宗皆为之爪牙，日以报怨杀人为事。其大旨务以离间骨肉、危动皇祖母中诸名流以非常之法。当拥立时，操异论者仅数人，而士英辈欲自张其功，凡有纠劾，必以此诬之。

元年春正月，开封总兵许定国北降，诱杀兴平伯高杰。二月，鸿胪寺少卿高梦箕奏先帝太子在杭州。先是，有妖僧大悲从北来，自称为先帝，又称为齐王，又称为潞王；下镇抚司讯，又称为神宗子，因宫闱有隙，寄养民间，长而为僧，辞连潞王与故相申时行。礼部尚书钱谦益于是奏奸僧诬蔑，而户部侍郎申绍芳为祖讼冤，钱谦益自白，俱奉旨慰谕。而张孙振、阮大铖欲藉以起大狱，为匿名帖布于通衢。海内清流如徐石麟、徐汧、陈子龙、祁彪佳、夏允彝、杨廷枢之属，皆入其内。士英性本疏阔，不欲杀人，而大悲所言，一无所牵染，其狱遂止。二月晦，弃大悲于市。

而明日国中传言曰："太子至矣！"上初阅梦箕奏，甚喜，遣中官踪迹，至钱塘江上得之。三月朔至京，廷臣及士民拥观，人人色喜。明日，举朝始知为高阳男子王之明也。之明发垂肩，肌理白而举止轻率，身伛偻而容有愁。初至居兴善寺，已移至锦衣卫冯可宗邸舍。上御武英殿，命群臣及左春坊左中允刘正宗、右春坊右中允李景廉、前詹事府少詹事方拱乾等审视。正宗等皆前东宫讲官也。拱乾上，指称方先生，及问正宗等，皆不识。又问讲书何地，讲何书，习何字，皆不符。兵科给事中戴英进曰："先帝十六年冬，御中左门亲鞫吴昌时，太子侍旁，忆之乎？"不对。群臣环诘之，乃言姓名为王之明，故驸马都尉王昺之侄孙，曾侍卫东宫，家破南奔，遇梦箕家奴穆虎于逆旅，遂共卧起。穆虎教之诈称太子，拱乾则于侍卫日识之也。奏上，下之明中城兵马司狱。之明在狱中，嬉戏自得，好饮酒，酒酣即长歌，终夜不止。狱囚与之亲者，问汝果太子耶，伪耶？皆不答。居数日，上遣中官张朝进同东宫伴读邱志忠至锦衣卫，召之明再行审视，之明色甚恐。志忠审视良久，言曰："太子识我乎？"之明不答。锦衣卫从容劝其无恐，之明对曰："休矣休矣！"志忠仰而祝曰："以先帝之仁圣，遭祸乱至此，今无血胤，海内伤之。若果先帝子，愿天诱其衷！"遂辟踊大哭，之明卒不语。当是时，天子暗弱，马、阮浊乱朝政，人情愤激，皆谓太子为真，讹言繁兴，一唱百和，不可止也。大铖辈又欲藉以起大狱，陷清流，而梦箕被酷刑，欲其有所连染。梦箕大言曰："入他人罪，不能出我也！"于是人情益惧。黄得功上疏，言："先帝之子，及陛下之子，真伪未辨，乞多方保全，以谢天下。若遽加害，天下必以为真东宫矣！"乃命养之狱中，俟布告天下，愚夫愚妇皆已明白，然后正法。袁继咸及湖广巡抚何腾蛟俱上疏乞保全，而刘良佐并言太子、童氏之事，谓上为群臣所欺，将使天伦灭绝。

童氏者，河南人，自称上元妃，河南巡抚越其杰、巡按陈潜夫信之，具仪从，送至京。上大怒，下童氏锦衣卫狱。童氏色喜而甚□，秉笔太监屈尚忠至狱中视之，童氏一见知其姓名，而所言王宫事皆不合。乃刑之，言在福王府为西宫，又言为邵陵王宫人。且曰："吾之与王别也，啮胸为记，分金为质；别后生一子，今四岁矣。"在狱中时时号泣，曰念其子不置。既被刑，称病，上命医调治候鞫，勿令致毙，于是医者进视不辍。一日，忽不肯饮药，求狱官为之祈禳，自言己干支，生三十二年矣。狱官诡为之书符祈禳，童氏称谢曰："我不忘先生也。"居数日，产一男子，属狱中妇人曰："勿泄，泄则我必死，累汝矣！"投之厕中。复下刑部狱。五月壬辰，帝奔，京师乱，童氏出狱，不知所终。

当大悲之既诛也，王之明与童氏先后至，而同时有妖人衣冠为道家装，直入西长安门，门者止之，乃曰："我天子也，汝不闻黄牛背上绿头鸭乎？"门者执之，乃为癫状。奏闻，杖而释之。越一日，又一人衣青衣，入西华门，过武英殿，几入西宁宫，乃太后所居也。阉人叱之，则云："取御床来，吾今日御极。"擒送锦衣卫，鞫之。自言姓名为詹有道，南京人也，平居奉佛，佛拥之入宫御极云云。奏上，命杖一百，刑毕，肤肉不伤，亦无声，枷其项，则已死矣。

初，上之见良佐疏也，曰："朕元妃黄氏，先帝时册封，不幸早世，继妃李氏又死于难。朕即位之初即追封后号，诏示海内。卿为大臣，岂不知之？童氏冒诈朕妃，朕初为郡王，何东西二宫之有？且称是邵陵王宫人，尚未悉真伪。王之明为王昺之侄孙，避难南来，冒称东宫，正在严鞫。果真实非伪，朕于夫妇伯侄之间岂无天性，况宫媵相从患难者颇多。朕于先帝无纤芥之嫌，因宗社无主，不得已从群臣之请，勉承重寄，岂有利天下之心，加毒害于其血胤？朕夫妇之情，又岂群臣所能欺？但太祖之天潢，先帝之遗体，不可以异姓之顽童，淆乱宗社；宫闱风化攸关，岂容妖妇阑入？国有大纲，法有常刑，卿不得妄听妖讹，猥生疑议！"因命法司先将二案审明情事，昭示中外，以释群疑。然而流言日甚，而大兵已取盱、泗，过徐州，骎骎乎及于仪、扬矣！

左良玉在先帝时骄蹇纵贼，酿亡国之祸。及上即位，数上书侵挠朝政，闻有太子事，上疏言大臣蔽主，危害皇储。时良玉且病，其子中军都督府右都督梦庚性凶狡，遂举兵反，以奉太子密旨诛奸臣马士英为名，陷九江，良玉死，复陷东流、安庆。京师戒严，公侯伯分守城门，征靖南、广昌、东平兵入卫，命可法至江北调度，大铖率兵巡防上江。大兵至，无御之者，及大兵已至仪、扬间，而士英辈皆谓无虞，且欲藉北兵以破左。杨维垣等请追恤三案诸臣刘廷元等二十一人，并复原官，仍各赠荫有差；杀周镳、雷缜祚于狱，弃前兵科给事中光时亨于市。时亨有清望，以阻南迁下狱，至是与从贼周锺、武愫同杀以辱之。上曰："朕为天子，岂记匹夫夙嫌？曾得罪皇祖妣、皇考者，自今俱勿问；文武诸臣复举往事污奏章者治罪。"都督黄斌卿等与左兵战于铜陵，败之。得功大破梦庚兵于板子矶，进封靖国公世袭。加大铖太子太保，诸将各升荫有差。

四月丁丑，大兵破扬州，史可法死之。五月丙戌，赵之龙密遣使赍降书，请大兵渡江，使者遭大风，舟几覆。庚寅，京师昼晦，大兵抵南岸。壬辰，上如太平，幸得功营；阮大铖随之。马士英奉太后如杭州。明日日中，奸民数百人破中城兵马司狱，出王之明，称皇太子，奉之入宫，宫中金帛器玩掠之几空。有太学生徐踽手执表，号召军民入宫劝进，无应之者。赵之龙执踽杀之。乙未，保国公朱国弼入宫，执之明出，幽于别室。大兵至，献之，不知所终。或曰主兵者遣之去，之明不肯，遂留军中，效仆隶之役焉。百姓又相聚杀士英故所部黔兵，及其姻党，破人家，劫财物，之龙捕数十人杀之，城门昼闭。

帝之出奔也，群臣自尽者十余人，而吏部尚书张捷、都察院左副都御史杨维垣，皆马、阮党也，晚节自全，人皆异之。钱谦益本东林党魁，文章气节名天下，先帝时为邪党挤之几死，及上即位，起礼部尚书，乃与诸邪党合。大兵之至也，谦益降，且献阮氏及妃嫔数人于豫王为贽。阮氏者，诸生阮晋之女，谦益选为帝妃，与诸妃嫔皆未入宫，至是献之。豫王以阮氏赐孔有德。谦益授内院学士，未几罢去。乙未，豫王营于郊坛，之龙率群臣出迎。己亥，豫王入南京，降将刘良佐引兵至芜湖劫驾，如大兵营，黄得功死之。丙午，上至南京；甲寅，北狩。顺治丁亥五月初六日，上崩。

马士英之走杭州也，杭州人不纳，逡巡钱塘江上，而是时鲁王监国于绍兴，唐王即皇帝位于福州，改元隆武。山阴王思任以书抵士英曰："阁下文采风流，素所向慕。当国破众疑之际，拥立新君，阁下辄骄气满腹，政本自由，兵权在握，乃不讲战守之事，而但以声色逢君，门户固党，以致人心解体，士气不扬。叛兵至则束手无策，强敌来则望风先遁，致令乘舆播越，社稷丘墟。睹此茫茫，谁执其咎？余为阁下计，莫如明水一盂，自刎以谢天下，则忠愤之士，尚可相原。若但求全首领，亦当立解兵权，授之守正大臣，呼天抢地，以招豪杰。今乃逍遥江上，效贾似道之故辙，人笑褚渊，齿已冷矣！且欲来奔吾越，夫吾越乃报仇雪耻之国，非藏垢纳污之地也！吾当先赴胥涛，乞素车白马以拒阁下。"士英寻入浙东，持两端观望，既屡战败，则与总兵方国安、大学士方逢年北降，然犹与隆武通，为大兵所觉，骈斩于黯淡滩。

大铖自芜湖走浙江。先是，大铖已先士英降矣。金华人朱大典以东阁大学士兼兵部尚书城守，而大典故督师南中，与大铖同事。至是，大铖抵金华，自言穷迫来归，大典怜而纳之。大铖为内应，金华破，屠之。大典自杀，阖家五百人皆自焚死。大兵遂连收金衢诸郡县。将逾仙霞岭，抵青湖下壁，会大铖有微疾，军中相与亲爱者谓之曰："公老矣，得无苦跋涉？吾等先逾岭，而公姑留此调摄，徐徐至福州可乎？"大铖艴然变色曰："吾虽老，尚能射强弓、骑壮马，且今欲取七闽，非吾不可，奈何而言若是？"复慨然叹曰："此必东林、复社来间我也！"军中不解"东林""复社"为何语，曰："公行矣，非敢相阻也。"明日，全军逾岭，大铖下马步行，矫捷如飞，持鞭指乘马者而诟之曰："若等少壮男子，顾不及老秃翁顾盼矍铄！"军中颇壮之。行至五通岭，则喘急，气息不相属，坐于石上，遂死。其家人最后至，见之，乃下岭买棺。而是时沿途居民皆奔窜，遍觅无棺，阅一二日，乃舁大扉至岭上。会大暑，尸虫盈于路，仅存腐骨而已。

呜呼！南渡立国一年，仅终党祸之局。东林复社多以风节自持，然议论高而事功疏，好名沽直，激成大祸，卒致宗社沦覆，中原瓦解。彼鄙夫小人，又何足诛哉？自当时至今，归怨于孱主之昏庸，丑语诬诋，如野史之所记，或过其实。而余姚黄宗羲、桐城钱秉镫至谓帝非朱氏子，此两人皆身罹党祸者也。大略谓童氏为真后，而帝他姓子，诈称福王，恐事露，故不与相见，此则怨怼而失于实矣！观帝言宫滕相从患难者颇多，流离颠沛之余，不能绝衾裯之爱。一则幸旧好之犹存，一则愤伪托之妖妄，皆未可知也。而王之明一事，至今犹流传以为真，余得备著其说以告世焉：太子性仁弱，生十年，行冠礼，执圭见群臣，进止不失尺寸。既讲学，出居端敬殿，诸臣进讲章，上亲为删正。太子于经籍多宫中所讲习，书法尤工。既长，元旦早朝，未尝不在侧，上有所诛赏，引之共视，且曰："群臣所上书，其意多为人营私解救，而故用浮词尝我，勿为所欺也！"太子母弟二，次为怀隐王，次定王，故宫中呼定王为三皇子。永王年与钧，田贵妃出也。当贼之陷京师也，上御便殿坐，命宫人曰："传主儿来！"主儿谓太子、二王也。太子、二王犹常服入，上曰："此何时，可弗改装乎？"亟命持敝衣至，上为之解其衣换之，且手系其带而告曰："汝今日为太子，明日为常人。乱离之后，匿形迹，藏姓名，遇老者翁之，少者伯叔之。万一得全，来报父母仇，无忘我今日言也！"太子、二王及左右皆哭失声，班乱。上起，入后宫，后已崩。上寻传朱谕至文渊阁，命成国公朱纯臣辅翼东宫。会阁臣皆出，中官置朱谕案上而去，纯臣与太子皆不之知也。贼入，得朱谕于阁内，即收纯臣杀之。纯臣无他技能，上徒以其元勋班首，故托以太子。而太子为贼所得，羁于贼将刘宗敏所。李自成之西窜也，人见太子衣绯乘马，随自成后。

初，左懋第之北使也，密书与史可法，言太子在燕京，而可法先是亦误以王之明为真太子，尝上疏争之。及得懋第书，自悔，为书与马士英具述懋第语，且言一时有伪皇后、伪东宫二事，深可怪叹！士英因将可法书刊而布之。初，贼之以太子出也，不知何以得脱于贼，徒步至前嘉定伯周奎家，奎烈后父，太子外祖也。是时太子姊长公主养于奎家，相见掩面哭，奎举家拜伏称臣。已而奎惧祸，言于官曰："太子不知真伪，今在奎家，奎不敢匿也！"因遍召旧臣识之，或谓为真，或言为伪。谓为真者皆死，太子绞杀于狱中，朝中皆言其谋出大学士谢升。升崇祯中位至宰相，予告家居，弘光时，加升上柱国少师，兼太子太师、礼部尚书，而升已北行矣。至是，都人围其第宅而詈之，升不安，请告去，寻死，自言见钱凤览为厉而杀之。钱凤览者，亦言太子为真被杀者也。先是，弘光元年二月，传言太子及二王皆遇害，及谥太子曰献愍，定王曰哀，永王曰悼，而二王不知所终。

谨按崇祯十一年四月己酉夜，荧惑逆行尾八度，为月所掩；五月丁卯，退至尾初度，渐至心。心，太子之象。郤萌曰："犯太子，太子忧；犯庶子，庶子忧。"至十七年十月，前星下移四五度，太子抚军监国，不离其位，下离者为主器已亡之象。呜呼，明之亡也，虽曰人事，岂非天命哉？

汰存录纪辨

［明］黄宗羲

汰存录纪辨

原序云：

夫名教之存，存于贤者；然不存于贤者之口，而存于天地不易之正气。天地不易之正气无他焉，理而已矣。此非特不贤者不能倒置，虽贤者亦不能增损也。不贤者而欲倒置，盖见其非；贤者而欲增损，则失其是矣。吾乡夏子彝仲素为海士之同学，而为忠襄竹亭之所许可。遭变捐躯，洁身自靖，其子存古复殉难南都，一家节烈，为千古之完人无疑也。乃身殁之后，有所谓《幸存录》者出焉。论若和平，意实颠倒，黄子见而惧焉，以为此小人之嚆矢，不可以不辨而论之。余曰：此殆非夏子之言，其为小人附会之言也。夫夏子自戊午以后，立身本末，天下皆知之，虽平生和厚，而疾邪扶正，不减卧子。而是录矢口而论，大非生平。意者惎壬之夫见夏子死难之后，无子无孙，无兄无弟，而其人品足以表著古今，其论足以取信于当世，于是托而诬焉，以为可以因是而淆是非之实矣。而不知在夏子而贤，决无此录；夏子而实有此录，亦未得即为贤者之定论也。故使夏子而实有此录，亦未得损正人之毫末，而况其未必然耶？夫镜已悬矣，石已出矣，魅于何藏？而于白日之中，犹为昏夜之惑，而且援末以诬其本，借伪以倾其真，后人奚适从焉？噫，变革之后，每多伪书惑世诬民，关系不小，黄子信以为实而辨之，其为名教之闲也大矣。凡负天地之正气者，但信其理，无徇其人；理之邪正有乖，则言之真伪可从而辨矣。由此言之，即无汰存可也。

同学弟巢鸣盛端明氏识

原按云：

近见野史多有是非倒置者，推原其故，大略本于夏彝仲允彝《幸存录》。彝仲死难，人亦遂从而信之。岂知其师齐人张延登，延登者，攻东林者也，以延登之是非为是非，其倒置宜矣。独怪彝仲人品将存千秋，并存此录，则其为玷也大矣！谓之《不幸存录》可也。晚进不知本末，迷于向背，余故稍摘其一二，所以爱彝仲耳。

南雷居士黄宗羲识

彝仲曰："两党之最可恨者，专喜逢迎附会。若有进和平之说者，即疑其异己，必操戈攻之。"又曰："二党之于国事，皆不可谓无罪。平心论之，始而领袖者为顾、邹诸贤，继为杨、左，又继为文、姚，最后如张溥、马世奇辈，皆文章气节足动一时。而攻东林者始为四明，继为亓、赵，继为崔、魏，又继为马、阮，皆公论所不与也。东林中亦多败类，攻东林者亦间有清操独立之人，然其领袖之人，殆天渊也。东林之持论高，而于筹边制寇，卒无实著。攻东林者自谓孤立任怨，然未尝为朝廷振一法纪，徒以忮刻胜，可谓之聚怨而不可谓之任怨也。其无济国事，两者同之耳。"

愚按君子小人无两立之理，此彝仲学问第一差处。毅宗亦非不知东林之为君子，而以其倚附者之不纯为君子也，故疑之。亦非不知攻东林者之为小人也，而以其可以制乎东林，故参用之。卒之君子尽去，而小人独存，是毅宗之所以亡国者，和平之说害之也。彝仲犹然不悟，反追惜其不出乎此，可谓昧于治乱之故矣。且君子亦辨其是非、邪正耳，此而是也正也，则异己者之必为非与邪，今必以其未知和平也，使正者有资乎邪，是者有资乎非，犹可谓之君子乎？

夫天下之议论不可专一，而天下之流品不可不专一也。故同异之在流品议论，两者相似而实远。如宋之洛、蜀，议论之异也；汉之党人、宦官，其异在流品，不在议论。在议论者，和平之说，未可尽废；在流品者，此治彼乱，间不容发，如之何其和平也？假如三案，外视之，议论之异耳！然主疯癫者，郑氏之私人也；主进药、安选侍者，崔文升、魏忠贤之私人也，其异在流品矣。彝仲乃欲以洛、蜀之论而谈东汉之党锢，以东林、攻东林为两党。真若此铢彼两者，无怪乎其设淫辞而助攻也！彝仲亦知攻东林者，领袖之为小人，而谓其间亦间有清操独立之人，天下有清操独立者而肯同于四明，同于亓、赵，同于崔、魏，同于马、阮乎？肯同于小人而谓之清操独立，吾不信也。于此而讲和平，是犹怪李、杜以曹节、王甫为异己也。

东林之名，讲学者不过数人耳，倚附者亦不过数人耳，以此数人者而名为党可也。乃言国本者谓之东林，争科场者谓之东林，攻阉人者谓之东林，以至言夺情、奸相、讨贼，凡一议之正、一人之不随流俗者，无不谓之东林。由此而逆推之，则劾江陵者，亦可曰东林也；劾分宜者，劾刘瑾、王振者，亦可谓之东林也。然则东林岂真有名目哉？亦攻东林者加之名目而已矣！今必欲无党，是禁古今不为君子而后可也。

东林中多败类，夫岂不然？然不特东林也，程门之邢恕，龟山之陆棠，何独异于是？故以败类罪东林，犹以短丧窃屦毁孔孟也。彝仲以筹边制寇，东林无实著，夫筹边制寇之实著在亲君子远小人而已。天、崇两庙，不用东林以致败，而责备东林以筹边制寇，岂彝仲别有功利之术与？

张差之事，彝仲曰："东宫侍卫萧条，至外人阑入，渐不可长，诸臣危言之，自不可少。顾事联宫禁，势难结案，则田叔烧梁狱词，亦调停不得已之术也。二说互相济而不得两相仇。"又曰："国戚凶谋，顾不用鸩而用梃，不用中官而用外人，皆情之所无。”

愚按：张差一案，当参以王曰乾之案而后明。先是，王曰乾告变，已有庞保、刘成二阉姓名。使差果疯癫也，其所招姓名安能与之暗合？谓差仇此二阉，不应王曰乾亦仇此二阉。若二阉不与闻其故，则神宗何难出此二阉，使廷臣讯鞫，以暴白郑氏之心迹于天下而灭口禁中乎？且其时讯鞫张差者，无不得赂，而以吴中彦为囊橐，试问此赂出之谁氏，而谁氏何以出此赂乎？事之明显如此，有何葛藤？今于水落石出之后，彝仲犹为此言，何也？江右王犹定语余：当时张差尚同一人闯入，名娄光义，前门兑钱为业者也，以多力得脱，亡命江湖。犹定曾迹之。然亦不必须此为证也。当是时，郑氏为谋，无所不极，巫蛊毒梃，交发并至，彝仲疑其术之未工，则阎乐之杀二世，伶人之困庄宗，无不可疑矣！田叔之烧狱辞也，以太后在上，而梁王又弟也。今以神宗之妾，为人臣者正当格其蛊惑之心，何嫌何忌？在田叔为锡类，在此为逢君，不当以之相比。

彝仲又曰：“某处分之法，不过以二阉结局。”夫得二阉者，王公之棻之力也。微王公，且不及二阉。以王公而得二阉，尚曰疯癫，曰仇口，而肯以二阉结局哉？

彝仲曰：“东林奏李可灼进药，怀不轨心，方从哲故赏之，其论为太过。”愚按：红丸一案，亦当参以崔文升之进药而后明。当光宗凭几之日，红丸进与不进，皆不可为，故李可灼者，庸医之杀人也。其所以使光宗至于此者，蛊之以美色，决之以利剂，则郑氏与郑之私人崔文升等为之。至是不用梃而用鸩，不用外人而用中官，彝仲岂又以为情之所无乎？是故红丸而效，非从哲之所喜也；红丸而不效，亦非从哲之所恶也。从哲之主者在郑氏，而以议之为太过乎？

彝仲曰："贾继春言先帝至孝，何至一妾一女不能遗庇？亦未可尽言其非，然宫之应移，似属定礼。"愚按：彝仲既知宫之不可不移矣，而又以争移宫者之为调停，何也？夫调停之说，有过当而后生焉，选侍不过移宫耳，有何痛苦，有何不得其所，而烦外廷之调停哉？就使继春无所窥伺、无所指使，亦是宦官宫妾之爱其君，沾沾而为之计虑分香卖履之事也。彝仲之见陋矣。

彝仲曰："李三才少负才名，为山东藩臬极有名。余馆于山东，李已去二十年，民歌思之不忘，谓大奸大盗，皆李所擒治殆尽，民得安生也。王锡爵蒙特召时，手疏甚密，三才钩得之，泄言于众，谓锡爵以台省为禽兽，台省由此益攻锡爵。三才多取与，结客遍天下，顾宪成之左右，誉言日至，意其真足以干国矣。"又曰："三才负才而守不洁，及为淮抚，垂涎大拜，挟纵横之术，与言者为难，公论益绌之，而东林受累不小。"

愚按：李道甫在部郎，则以劾魏懋忠谪；在藩臬，则去而民思之；在淮抚，则税阉鼠伏不敢动。真干国之才也。其取友，则顾端文救之于被劾，刘忠正荐之于既废，独小人言其贪耳！然身死之后，书画亦折卖殆尽，贪者固如是乎？彝仲于贤者之言，漫不加省，即身所历之见闻，亦不敢信；至小人之谗口，则拳拳奉之而勿失，不可解也。

彝仲曰："杨维垣首参崔呈秀，不宜入逆案。"愚按：定逆案者，诸公不学无术之过也；既不足以制小人，徒使小人百计翻之，凶于尔国，可不悲夫！夫逆案之定，以外官交结近侍也，而交结之源不去，犹伏火而盖之以薪也。当时涿州为交结之窟穴，瞬息相通，而杨维垣、徐大化为之谋主。其呼应于南北者，则阮大铖、乔应甲、贾继春之徒，十数人为之魁。其力既足以钩致后进，而后进之急于富贵者，由之而得交结之线索。故此十数人者虽不出，而出者皆其分身也。由是而议论终不可绌，终毅宗之世，其名虽不翻，其实未尝不翻也。若其时将此十数人者，声其导源横流之罪，可诛则诛之，其余概以胁从之例，则逆案何必定哉？

杨维垣之参崔呈秀，正其胆风望气，由交结而得之也。黄琼之谏桓帝曰："尚书周永，昔为沛令，素事梁冀，越拜令职。见冀将衰，乃阳毁示忠，遂因奸计，亦取封侯。又黄门狎邪，自冀兴盛，共构奸轨，临冀当诛，无可设巧，复记其恶，以要爵赏。陛下不审别真伪，复与忠臣并时显封，使朱紫共色，粉墨杂糅。"彝仲之言而然，则桓帝之侯周永、封黄门，亦未可非也。

彝仲曰："王永光亦清执。王恭厂之变，其疏独侃侃。崇祯初，为冢宰，东林必欲逐而去之，永光愤激为难，引用袁弘勋、张道濬辈，再启玄黄之争，实己甚之故耳。"愚按：小人不同：有把持局面之小人，有随波逐浪之小人。虎彪十孩儿之类，随波逐浪，吾所谓胁从者也。逆案内之杨维垣、徐大化等，逆案外之王永光、温体仁等，把持局面，吾所谓魁之十数人者也。逆阉既诛，逆案未定，杨维垣把持之；逆案已定，王永光把持之。皆绍述逆阉之政者也。袁弘勋、高捷、史䰟一辈小人，翩翩而进，以锢君子而抑之。便为己甚，则进君子退小人，皆不可矣。

彝仲曰："温之秉政，台省攻之者后先相继，皆以门户异同，非尽由国家起见也。公平言之，不纳苞苴，是其一长矣；庇私党，排异己，亦未尝为之有迹。"愚按：温体仁之苞苴，巧于纳者也。周延儒不巧于纳者也，观其身后之富，岂不纳苞苴者所致乎？哀哉，毅宗之受其愚也！其在揆地，日以进小人退君子为事，何可悉数？蔡、唐、薛、叶之私党，犹谓无庇之迹乎？文、何、黄、刘之异己，犹谓无排之迹乎？从来奸相无有不庇私党排异己者，唯体仁多一反复耳！愚尝言有明之亡，方、沈、温、蔡、湖州之力也。

彝仲曰："范景文、谢升，于二党皆虚公不滞。"

愚尝得交于文贞，盖无日不欲师法刘忠正者也。其在吏部，以争先忠端公年例去官，于何而别其非东林乎？谢升传温体仁衣钵，谓其不滞于小人，升亦不受也。盖从来未有中立而不为小人者也。

古今为君者，昏至弘光而极，为相者，奸至马士英而极，不逮明者而知之也，有何冤可理？而彝仲称士英立心疏阔，无杀人之意。夫周仲驭、雷介公，独非其所杀者乎？左光先、吕大器、黄澍，独非其所逮者乎？但不能杀之耳！天下稍定，则吾辈皆不能免，吾不知如何而始谓之欲杀人也。称弘光宽仁虚己，然则晋惠、东昏，皆足以当之。

彝仲谓："张捷、杨维垣死难，不得以其攻东林也而少之。"愚按：维垣杀妾伪死，书名于枢，逃至中途，为乱兵所杀，此小人之狡狯，适得其常，可无论矣。唯张捷传闻缢死鸡鸣山，捷与马、阮、杨、蔡朋比亡国，计无复之而死，其徇于天下，犹许绾之鼠首也。齐庄公之弑，贾举、州绰、邴师、公孙敖、封具、铎父、襄伊、偻堙皆死。晏子曰："为己死而为己亡，非其私昵，谁敢任之？"盖言诸臣导君于不善也。捷非导君于不善者乎？琴张闻宗鲁死，将往吊之，仲尼曰："齐豹之盗，孟絷之贼，汝何吊焉？"马、阮之罪，甚于齐豹；捷之贼国，甚于贼孟絷，是先圣所不许吊者也。以张捷之死南都与王振之死土木，同科者也。